도덕 성인 군자

안성재 지음

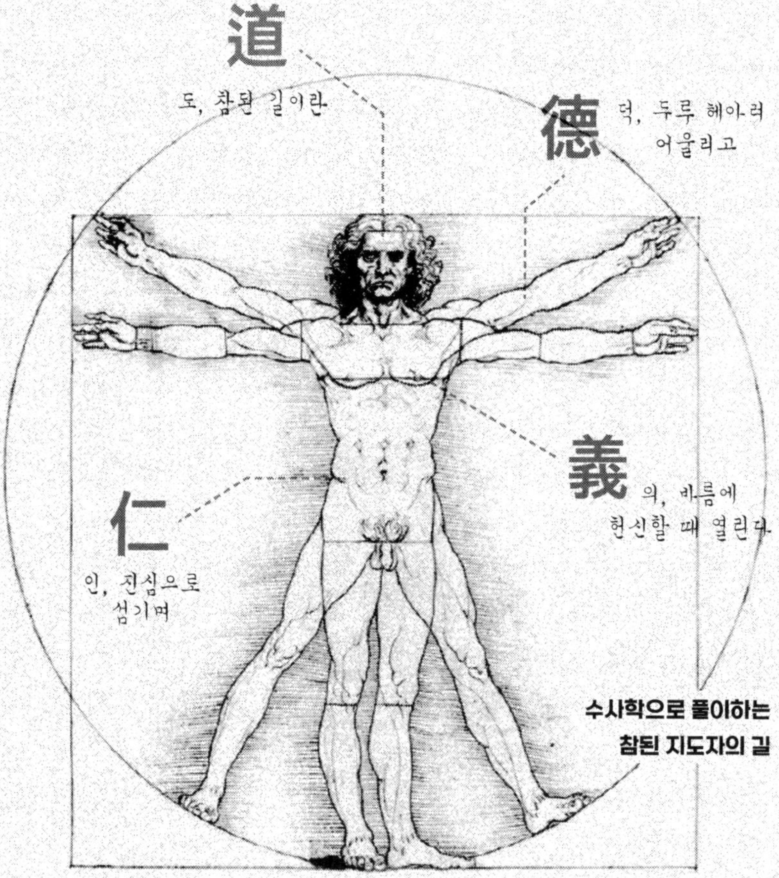

수사학으로 풀이하는
참된 지도자의 길

어문학사

도덕, 성인, 군자

안성재 지음

어문학사

들어가며

도덕, 성인, 군자

우리는 살아오면서 '도덕', '성인', '군자'라는 단어에 대해서 들어왔습니다. 하지만 '도덕'은 윤리이고 '성인군자'는 중후한 인격의 소유자 정도로 막연하게 생각했을 뿐, 그 구체적인 의미에 대해서는 알지 못했거니와 또 명확하게 알아보려는 시도도 해보지 않았을 겁니다.

나아가 노자의 『도덕경』이 말하고자 한 바가 뭔지 또 공자의 『논어』가 알려주고자 한 핵심이 뭔지에 대해서도 그저 피상적으로 '무위자연' 또는 '대동'이라고만 배웠을 뿐입니다.

사실 노자와 공자는 『도덕경』, 『논어』를 통해서 '도덕', '성인', '군자'가 무슨 뜻인지 명확하게 설명한 바 있습니다. 특히 수사(修辭)를 통해서 여러 가지 표현법을 동원하여 보다 구체적으로 알려주려고 끊임없이 노력했죠.

그간 저는 노자와 공자의 수사(修辭)를 통해 '도덕', '성인', '군자'가 가지는 의미가 무엇인지, 그리고 이 단어들이 지니는 의미가 21세기를 살아가는 우리에게 왜 아직도 유효한지 그 이유를 알아내기 위해서 많은 시간을 쏟아왔습니다. 이제 이 지면을 통해서 그간 제가 얻은 연구 성과를 여러분과 함께 공유하고, 나아가 여러분들의 궁금증을 해소해드릴 수 있기를 바랍니다.

목차

제1장

수사(修辭)란 무엇인가?

제1장
수사(修辭)란 무엇인가?

수사(修辭)는 "글을 다듬고 꾸며서 보다 아름답고 정연하게 하는 일. 또는 그런 기술"이라는 사전적 의미를 지니고 있습니다. 그런데 공자는 『논어』「공야장(公冶長)」과 「위령공(衛靈公)」 편에서 다음과 같이 언급한 바 있죠.

5-4: 어떤 사람이 말했다. "옹(중궁)은 어질지만 말재주가 없습니다." 공자가 말씀하셨다. "어찌 말재주를 쓰겠는가? 사람을 대함에 말솜씨로 하면 자주 사람에게 미움을 사니, 그가 어진지는 모르겠지만 어찌 말재주를 쓰겠는가?"

或曰: "雍也, 仁而不佞." 子曰: "焉用佞? 禦人以口給, 屢憎於人, 不知其仁, 焉用佞?"

15-41: 공자가 말씀하셨다. "말은 전달하면 그뿐이다."

子曰: "辭達而已矣."

이는 화려한 언변이 오히려 말하는 이의 뜻을 오롯이 전달하는 데 방해가 되는 요소가 됨을 뜻합니다. 특히 이와 관련하여 공자는 아래의 『논어』「헌문(憲問)」 편 기록들과 같이 '사(辭: 말)'라는 것은 함부로(또는 많이) 해서는 안 된다고 강조하고 있으니, 간접적으로나마 수사의 기능을 부정적으로 인식한 것으로 받아들일 수 있겠죠.

14-20: 공자가 말씀하셨다. "말하는 것을 부끄러워하지 않으면, 곧 몸으로 실천하기 어렵다."

子曰: "其言之不怍, 則爲之也難."

14-28: 공자가 말씀하셨다. "군자는 말하는 것이 실천하는 것보다 지나침을 부끄러워한다."

子曰: "君子恥其言而過其行."

이를 근거로 공자의 수사에 대한 견해를 압축해보면, 공자는 수사에 대해서 대단히 부정적인 태도를 취했고 나아가 언어적인 측면보다 실천의 측면을 더욱 강조했으므로, 동양에 있어서의 사(辭: 말, 언변)는 사전적 의미로서의 수사 개념에 전면적으로 대치된다고 볼 수 있습니다.

그런데 문헌 기록에 따르면, 수사라는 표현을 처음 사용한 인물은 다름 아닌 공자입니다. 더군다나 그는 수사를 대단히 중시했죠. 어찌 된 일일까요? 수사는 "수사입기성(修辭立其誠), 소이거업야(所以居業也.)"라는 구절에서 처음 등장합니다. 이 구절은 『주역(周易)』[1]에 기인하는데, 『주역』「건괘(乾卦)」편 구삼(九三)에 다음과 같은 구절이 있습니다.

> 군자는 종일 의지하지 않아서 저녁에도 두려워하니, 위태로워도 재앙이 없다.
>
> 君子終日乾乾, 夕惕若, 厲無咎.

그리고 이러한 경(經)의 내용에 대해서, 해설서인 전(傳)의 성격을 지니고 있는 『문언(文言)』에서는 다음과 같이 서술하고 있죠.

> 구삼효(九三爻)에서 "군자는 온종일 자신이 나라를 잘 다스리고 있다는 생각에 빠지지 않고, 늦은 저녁 시간에 이르러도 자신이 나라를 잘 다스리지 못한다고 두려워하여 변치 않고 항상 신중하게 행하니, 그런 인물은 설령 위태로운 지경에 이르러도 결코 재앙이 닥치진 않는다."라고 했다. 이는 무엇을 말하는 것인가?
>
> 九三: "君子終日乾乾, 夕惕若, 厲無咎. 何謂也?"
>
> 공자가 말씀하셨다. "소강 사회를 이끈 참된 지도자인 군자(君子)는 덕을 쌓는 것에 정진하는데(進德), 공로를 세움(修業)에 있어서 한쪽으로 치우치지 않고 오로지 객관적으로 공정하게 판단하고도(忠) 믿음을 보이므로(信) 덕을 쌓는 것에 정진하게(進德) 된다. 또 말을 닦음(修辭)에 있어서 내뱉은 말은 반드시 이루는 성실한(其誠) 모습을 확고하게 보이므로(立), 공로를 세움에 머무르게(居業) 된다."
>
> 子曰: "君子進德修業忠信, 所以進德也; 修辭立其誠, 所以居業也."

1 『주역(周易)』은 유가 사상을 존숭하는 이들에게 있어서 13경(經)의 하나이기 때문에 『역경(易經)』이라고도 불린다.

"군자는 나라의 지도자로서 모든 힘을 다해야 함을 알고 있어서 진력하여 행하므로, 이에 도를 따름으로써 소소한 일조차 자세히 살펴보아 작은 징조까지도 사전에 인지할 수 있다. 또 나라의 지도자로서 임무를 완성해야 함을 알고 있어서 반드시 그것을 완성하므로, 이에 도를 따름으로써 의로움(자신이 처한 신분에서 마땅히 해야 할 일을 목숨을 걸고 지키는 절조)을 온전하게 지킬 수 있다."

"知至至之, 可與幾也; 知終終之; 可與存義也."

"이러한 까닭에 설혹 지위가 높은 자리에 있어도 교만하지 않고, 설혹 지위가 낮은 자리에 있어도 애태우거나 속상해하지 않는다. 따라서 자신이 나라를 잘 다스리고 있다는 생각에 빠지지 않고, 자신이 나라를 잘 다스리지 못한다고 두려워하여 변치 않고 항상 신중하게 행하니, 그런 인물은 설령 위태로운 지경에 이르러도 결코 재앙이 닥치진 않는다."라고 했다.

"是故居上位而不驕, 在下位而不憂. 故乾乾, 因其時而惕, 雖危無咎矣."

그렇다면 공자는 왜 말을 닦음(修辭)에 있어서 내뱉은 말은 반드시 이루는 성실한(其誠) 모습을 확고하게 보이므로(立), 공로를 세우는 경지에 머무르게(居業) 된다고 한 걸까요? 이제 이 말의 핵심이 되는 '닦을 수(修)'와 '말 사(辭)' 그리고 '설 립(立)'과 '정성 성(誠)'의 의미에 대해서 먼저 살펴봅시다.

修 攸 彡

'닦을 수(修)'는 '바 유(攸)'와 털을 나타내는 '터럭 삼(彡)'이 합쳐진 글자입니다.

'바 유(攸)'는 '사람 인(人)'과 '등 글월 문(攵)=칠 복(攴)'이 합쳐진 글자인데, 특히 '등 글월 문(攵)=칠 복(攴)'의 갑골문(甲骨文: 한자의 가장 오래된 형태)은 오른손으로 막대기를 들고 왼편에 있는 사람을 치고 있는 모양을 하고 있죠. 즉 '바 유(攸)'는 사람을 쳐서 바르게 다듬는다는 뜻이 됩니다. 오늘날에도 자기 신체를 쳐서 스스로 바로잡으려고 수련하는 고행(苦行)을 하는 이들을 볼 수 있으니, 그 뜻을 이해하는 데 큰 어려움은 없을 겁니다.

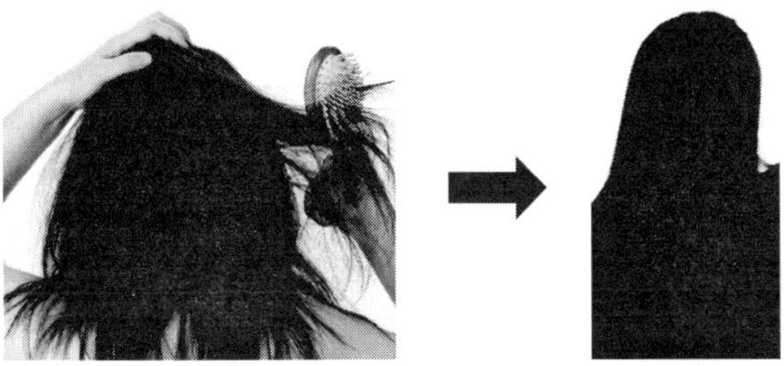

따라서 '닦을 수(修)'는 사람을 쳐서 바르게 하듯, 헝클어진 털을 단정하게 가다듬어서 바르게 한다는 뜻을 지니는데요.

'말 사(辭)'의 금문(金文: 갑골문 다음으로 오래된 형태)은 죄인을 묶어놓고 관리가 그 죄인을 손으로 가리키는 모양이랍니다. 그래서 '말 사(辭)'는 죄인을 다스리는 발언을 뜻하는 것임을 알 수 있죠. 즉 '말 사(辭)'는 다름 아닌 법정에서 공정하게 죄를 판결하는 판결문이 되는 겁니다.

이를 정리하면 수사(修辭)란 말이나 글을 다듬고 꾸며서 아름답고 정연하게 하는 일이나 기술을 뜻하는 것이 아니라, 법정에서 중죄를 다루는 송사의 복잡하고 난해한 말을 이해하기 쉽게 풀어서 정리하는 일이라는 뜻이 된답니다. 예를 들어 법정에서 판사가 유죄 혹은 무죄를 판결할 때, 그 이유를 조목조목 풀어서 상세하게 설명하는 행위가 바로 수사(修辭)이죠.

갑골문을 보면 '설 립(立)'은 '큰 대(大)'와 땅(一)이 합쳐진 모양입니다. 즉 땅 위에 우뚝 서 있는 커다란 물체의 모습을 그려낸 것으로, '설 립(立)'은 단순히 서 있다는 뜻이 아니라, '쉬이 움직이지 않고 확고하다', '머뭇거리지 않고 확실하게 하다'라는 뜻을 지니고 있음을 알 수 있습니다.

誠 言 成

'정성 성(誠)'은 '말씀 언(言)'과 '이룰 성(成)'이 합쳐진 문자로서, 자기가 내뱉은 말(言)을 이룬다(成)는 뜻을 지닙니다. 믿음·신뢰란 사람(人)이 내뱉은 말(言)은 반드시 지키는 것이므로, 결국 사람(人)이 말한 것(言)은 믿을 수 있다는 의미를 지닌 '믿을 신(信)'과 서로 통하죠.

이제 위에서 정리한 내용을 토대로 "수사입기성(修辭立其誠), 소이거업야(所以居業也.)" 구절을 풀이해보면 다음과 같습니다. "복잡하고 난해한 말을 쉽게 잘 풀어서 상대방이 이해하도록 하고(수사) 그 개념을 아는 데서 그치는 게 아니라 머뭇거리지 않고 확고하게 몸소 실천하게 하면(입기성), 비로소 공로를 세울 수 있게 된다(소이거업야)."

우리는 습관적으로 "도(道)를 닦는다." 또는 "덕(德)을 쌓는다."라는 표현을 쓰곤 하는데요. 그런데 도대체 도(道)가 뭔지 알아야 닦든지 아니면 핥든지 할 것 아니겠습니까? 도대체 덕(德)이 뭔지 알아야 쌓든지 아니면 무너뜨리든지 할 것 아니겠습니까?

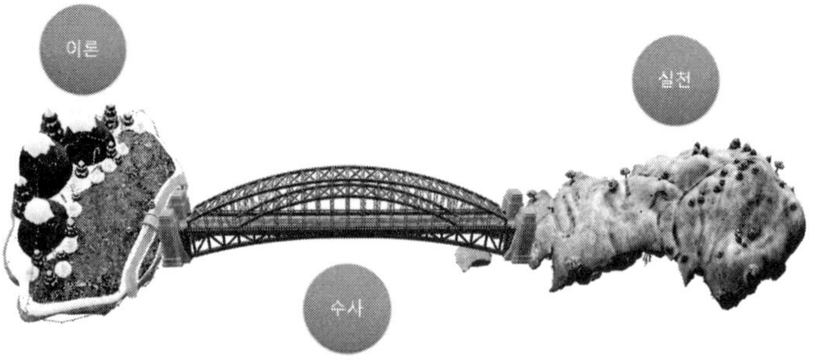

이처럼 수사(修辭)는 예로부터 내려오는 심오한 도리를 명확하게 설명하여 이해시키는, 즉 이론을 이해하기 쉽게 풀이하는 역할을 할 뿐 아니라 나아가 그 이론을 실제 행동으로 옮기게끔 하는 이른바 '실천적 강령'으로서의 성격을 지닌답니다. 다시 말해서 수사는 이론을 풀이하는 역할을 수행할 뿐 아니라, 이론과 실천을 연결하는 중간 매개체로서의 역할을 수행하고 있는 것이죠. 왜냐면 이론을 실천으로 옮기지 못하면 이론 자체가 무의미해지니까요.

이제 상술한 내용을 정리해보면, 수사(修辭)는 도(道)와 덕(德) 나아가 이를 구성하는 요소들이 무엇이고 어떻게 해야 도(道)와 덕(德)에 도달할 수 있는지의 과정을 설명하는 것임을 알 수 있습니다. 또 여기서 한 발 더 나아가 도(道)와 덕(德)을 몸소 실천하도록 연결하는 매개체가 되기도 하죠. 그러므로 "수사입기성(修辭立其誠), 소이거업야(所以居業也.)" 즉 수사를 통해서 도(道)와 덕(德)의 의미를 이해하고 깨달아서 궁극적으로는 몸소 실천하므로, 결국 나라와 백성을 위해서 공로를 세우게 된다는 뜻이 된답니다.

따라서 수사(修辭)의 목적은 막연히 어떤 개념이나 대상을 쉽게 풀어서 설명하는 데 있지 않습니다. 쉽게 풀어 설명하여 사람들을 이해시킨 후 실천하게 함으로써 궁극적으로는 공로를 세우게 하는 데 그 목적이 있는 거죠.

제2장

문(文)-언(言)-지(志)의 수사(修辭) 과정

제2장
문(文)-언(言)-지(志)의 수사(修辭) 과정

그렇다면 수사(修辭)를 하려면 구체적으로 어떤 과정을 밟아야 할까요? 『좌전(左傳)』 「양공(公) 25년」에는, 정(鄭)나라의 정치가 자산(子産)이 수사를 적극적으로 활용해서 정(鄭)나라를 위기에서 구한 사건이 기록되어있습니다.[1]

1 鄭子産獻捷於晉, 戎服將事. 晉人問陳之罪. 對曰: 「昔虞閼父爲周陶正, 以服事我先王. 我先王賴其利器用也, 與其神明之後也, 庸以元女大姬配胡公, 而封諸陳, 以備三恪. 則我周之自出, 至於今是賴. 桓公之亂, 蔡人欲立其出, 我先君莊公奉五父而立之, 蔡人殺之, 我又與蔡人奉戴厲公. 至於莊, 宣皆我之自立. 夏氏之亂, 成公播蕩, 又我之自入, 君所知也. 今陳忘周之大德, 蔑我大惠, 棄我姻親, 介恃楚衆, 以憑陵我敝邑, 不可億逞, 我是以有往年之告. 未獲成命, 則有我東門之役. 當陳隧者, 井堙木刊. 敝邑大懼不競而恥大姬, 天誘其衷, 啓敝邑心. 陳知其罪, 授手於我. 用敢獻功.」 晉人曰: 「何故侵小?」 對曰: 「先王之命, 唯罪所在, 各致其辟. 且昔天子之地壹圻, 列國壹同, 自是以衰. 今大國多數圻矣, 若無侵小, 何以至焉?」 晉人曰: 「何故戎服?」 對曰: 「我先君武, 莊爲平, 桓卿士. 城濮之役, 文公布命曰: 『各複舊職.』 命我文公戎服輔王, 以授楚捷-不敢廢王命故也.」 士莊伯不能詰, 複於趙文子. 文子曰: 「其辭順. 犯順, 不祥.」 乃受之. 冬十月, 子展相鄭伯如晉, 拜陳之功. 子西復伐陳, 陳及鄭平. 仲尼曰: "《志》有之: '言以足志, 文以足言.' 不言, 誰知其志? 言之無文, 行而不遠. 晉爲伯, 鄭入陳, 非文辭不爲功. 愼辭也!"

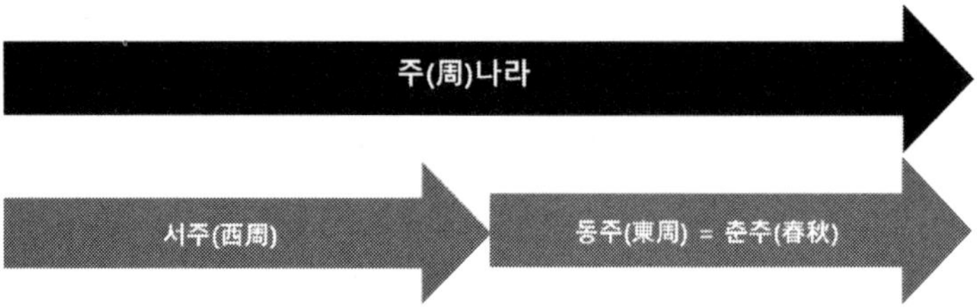

춘추(春秋)시대는 천자(天子)의 나라인 주(周)가 수도를 서쪽 서안(西安)에서 동쪽 낙양(洛陽)으로 옮긴 동주(東周) 시기이기도 합니다. 따라서 춘추시대에도 비록 명분상 천자가 존재하기는 했지만, 제후국들은 사실상 천자를 더는 의식하지 않고 오로지 더 많은 영토를 차지하기 위해서 무력을 행사하는 데 치중했습니다.

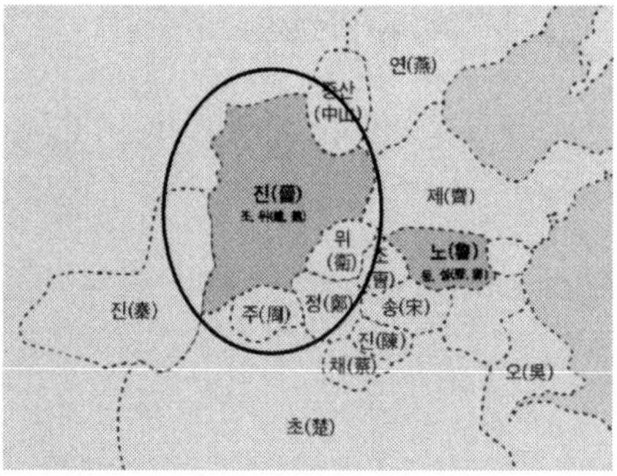

그 결과 천자의 주나라 영토는 거의 남지 않았던 반면, 북쪽의 진(晉)나라와 남쪽의 초(楚)나라는 각각 북부와 남부의 패자(霸者)를 자처하면서 팽팽한 힘의 균형을 이루고 있었죠. 이때 작은 진(陳)나라가 인척 관계에 있는 초나라를 믿고 정(鄭)나라를 공격하자, 정나라는 북쪽에 위치한 대국 진(晉)나라에 사람을 보내 진(陳)나라를 공격하겠다고 보고했습니다. 진(陳)나라 뒤에는 초나라가 있었고 그런 초나라와의 재충돌을 걱정한 진(晉)나라

는 허락하지 않았지만, 정나라 백성들이 참지 못하고 진(陳)나라를 공격해 그들의 항복을 받아냈고 전리품을 받아 진(晉)나라에 바치려고 했습니다. 하지만 진(晉)나라 대부 사장백은 나중에 있을 수 있는 초나라와의 외교적 마찰에서 먼저 유리한 고지를 점령하기 위해서, 왜 힘없는 작은 나라를 침략했느냐고 정나라에 터무니없는 트집을 잡았습니다. 그러자 자산은 다음과 같이 대답했죠. "자고로 천자의 나라는 사방이 천 리이고, 제후의 나라는 사방 백 리, 그 아래는 더 작습니다. 하지만 지금 큰 나라는 그 면적이 사방 몇천 리나 되는데, 만약 큰 나라가 작은 나라를 침략하지 않았다면 어떻게 큰 나라가 되었겠습니까?"

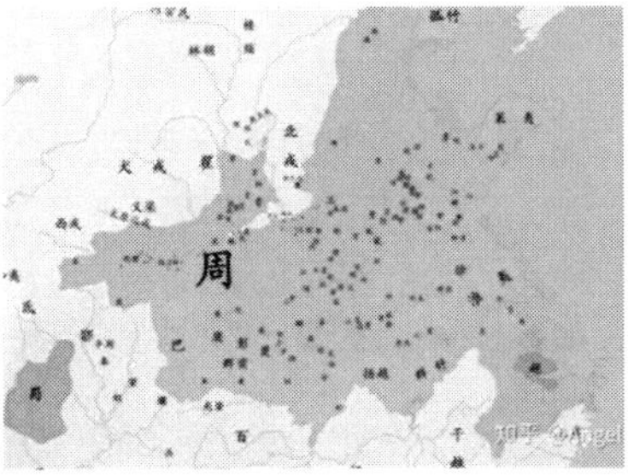

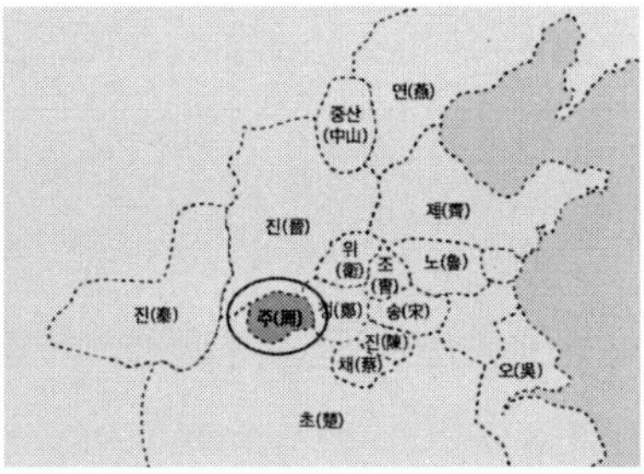

왼쪽은 천자가 있는 주(周)나라 초기의 모습입니다. 이 시기는 주나라 수도가 서쪽의 서안(西安)에 있었기 때문에, 역사상 서주(西周) 시기라고 부르기도 하죠. 반면 오른쪽의 수도를 낙양(洛陽)으로 옮긴 동주(東周) 시기 즉 춘추시대 지도를 보면 쉬이 이해할 수 있듯이, 당시 주나라의 권위는 땅에 떨어져서 그 누구도 주나라의 존재를 크게 신경 쓰지 않았답니다. 따라서 본래 가장 큰 영토를 갖춰야 할 주나라의 크기는 정작 다른 약소국들의 영토와 별반 다르지 않았지만, 이른바 강대국이라고 불렸던 진(晉)나라나 초나라는 더욱 그 덩치를 불릴 수 있었죠. 즉 진(晉)나라 사장백의 말은 설득력은 고사하고, 논리적으로도 상대방을 이해시킬 수조차 없던 지극히 이율배반적인 언사(言辭)였던 겁니다. 이에 자산은 진(晉)나라가 대국이 될 수 있었던 역사적 사실(文)을 근거로 조용히 사장백에게 반론을 제기(言)하여 자신의 뜻(志)을 피력했으므로, 사장백은 더 이상의 반박이 불가능했습니다. 바로 이것이 문-언-지(文-言-志)의 수사(修辭) 과정이죠.

하지만 사장백은 여기서 포기하지 않고, 또 트집을 잡기 위해서 왜 전쟁이 끝난 지금에도 아직까지 군복을 입고 있느냐고 물었습니다. 이 말은 혹시 자산에게 다른 심산 즉 이참에 진(晉)나라까지도 공격하려는 의도가 숨겨진 건 아니냐고 다그치고 있는 거였죠. 그러자 자산은 "과거 진(晉)나라 문공(文公)께서는 우리 정나라 문공(文公)에게 명하시어 군복을 입고 천자를 돕도록 했고 또 초나라의 전리품을 천자께 드리게 했으니, 저는 천자의 명을 받들고 있는 것입니다."라고 대답했습니다.

자산의 말을 이해하기 위해서, 먼저 성복전투(城濮戰鬪)에 대한 개략적인 소개를 하겠습니다. 초나라는 당시 중국의 지배 민족인 한족(漢族)이 아닌, 남쪽의 오랑캐가 세운 나라입니다. BC 6세기 후반, 남쪽에서 세력을 급속히 키운 초나라는 북진하여 홍수(泓水)전투에서 송(宋)나라를 패퇴시켰습니다. 계속 북으로 진격한 초나라는 진(陳)나라와 채(蔡)나라를 지배하에 두고, 배신을 막기 위해서 왕족 간 결혼을 통한 인척 관계를 맺었죠. 초나라와 국경을 마주하게 된 송나라는 위기감을 느꼈고, 이에 북쪽의 대국인 진(晉)나라에게 거듭 지원을 요청했습니다. 결국 진(晉)나라 문공(文公)은 송나라와 진(秦)나라 그리고 제(齊)나라와 연합군을 조직했고, BC 632년 위(衛)나라 성복에서 초나라 연합군과 격전을 벌인 끝에 대승하고 초나라를 격퇴했습니다. 이 싸움이 끝난 후 진(晉)나라 문공(文公)이 패자(霸者)가 되면서 정나라는 진(晉)나라에게 귀순했는데, 바로 이때 진(晉)나라 문공(文公)이 정(鄭)나라 문공(文公)에게 한 말을 자산이 인용한 겁니다. 즉 자산은 여기서도 역사적으로 증명된 확실한 근거(文)를 활용해서 발언(言)함으로써 자신의 의지(志)를 피력했는데, 이는 단순히 자산 일개인의 의견을 밝힌 것뿐만 아니라 문(文)-언(言)-지(志)의 수사를 통해서 흔들리지 않고 몸소 확고하게 실천하는 "수사입기성(修辭立其誠)"의 절차를 밟은 겁니다. 이에 대부(大夫) 사장백은 자신의 상관인 경(卿) 조문자(趙文子)에게 그대로 보고하는 수밖에 없었고, 조문자 역시 더는 자산의 말을 부정할 수 없어서 이치에 부합된다며 수긍하고야 말았습니다. 이렇게 자산은 문-언-지(文-言-志)를 통한 수사입기성(修辭立其誠)의 과정을 착실히 이행했으므로, 결국 대국인 진(晉)나라의 핍박을 벗어나 정(鄭)나라를 위기에서 구해내는 공로를 세우는 소이거업야(所以居業也)의 경지에 이를 수 있었던 겁니다.

이 일에 대해서, 공자는 "말(言)로 뜻(志)을 충족시키고, 글(文)로 말(言)을 충족한다고 했다. 말(言)을 하지 않으면 누가 그 뜻(志)을 알고, 말(言)을 함에 글(文)을 근거로 하지 않으면 실천(行)하더라도 오랫동안 지속하지(遠) 못한다. 옛 기록인 글(文)에 근거해서 말하지(辭) 않으면 공로

(功)를 세우지 못하니, 말(辭)은 신중(愼)해야 한다."[2]라고 평가한 바 있답니다.

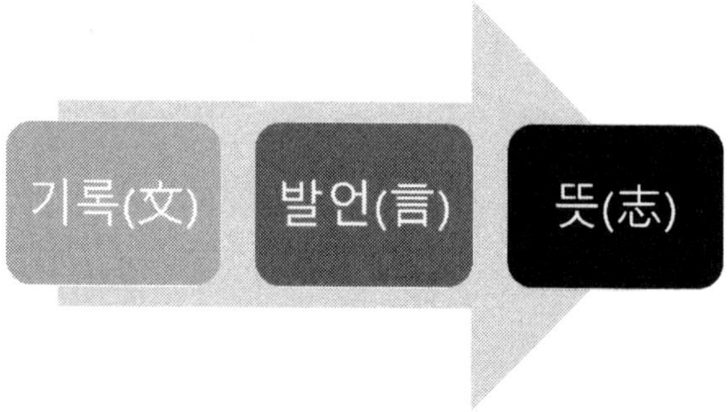

따라서 공자의 문(文)-언(言)-지(志)는 수사(修辭)가 행해지는 과정이 됩니다. 다시 말해서 수사는 아름답게 말하는 데 주된 목적이 있는 것이 아니라, 문(文) 즉 옛 기록을 통해서 전해 내려온 참된 도리에 비춰서 자신의 의지를 말로 표현하는 데 있는 거죠. 그러므로 수사는 단순한 언어적 기교나 기술을 말하는 것이 아니라, 예로부터 내려오는 도리를 올바르게 천명하고 전달하여 상대방을 바른길로 이끄는 일련의 과정이 됩니다. 그리고 그렇게 해야만 비로소 공로를 세우게 된다는 것이, 바로 문(文)-언(言)-지(志)의 과정을 통한 "수사입기성(修辭立其誠), 소이거업야(所以居業也.)", 즉 문(文)-언(言)-지(志)의 수사를 통해서 도(道)와 덕(德)의 의미를 이해하고 깨달아서 궁극적으로는 몸소 도와 덕을 실천

2 『사기(史記)』「공자세가(孔子世家)」에 따르면 공자는 양공(襄公) 22년에 태어났으므로, 이 사건은 공자가 3세일 때 발생했다. 따라서 공자의 이 일에 대한 평가는 그가 『춘추(春秋)』를 집필한 71세 때 이뤄진 것으로 볼 수 있다.

하므로, 결국 나라와 백성을 위해서 공로를 세우게 된다는 뜻이 되는 것'임을 확인할 수 있습니다.

언(言), 즉 '말의 표현'이란 문(文), 즉 '예로부터 내려오는 도리를 기록한 문헌'에 의거하여 명확하게 밝힘으로써 지(志), 즉 '의지'를 세상에 드러내는 것이라고 했습니다. 그리고 이 문(文)-언(言)-지(志)가 수사의 과정이 됩니다. 그런데 문제는 '수사입기성(修辭立其誠)' 즉 수사가 행동(誠)으로 이어지지 못하면, 수사는 아무런 존재 의의가 없게 된다는 거죠. 다시 말해서, 수사의 궁극은 결국 발언(言)을 통한 자신의 의지(志)를 몸소 이행함(誠)으로써 진정한 가치가 발현되는 겁니다.

3 안성재(2017. 09.), 「文의 의미 분석을 중심으로 한 孔子의 文-言-志 修辭過程 고찰」, 『수사학』, 29, 111-134.

1. 향교(鄕校) 폐지

다음으로 소개할 내용은 『좌전(左傳)』 「양공(襄公) 31년」[1]의 기록입니다. 연명(然明)이란 인물이 자산에게 향교(鄕校: 지방 교육기관)를 없애자고 제안했습니다. 그러자 자산은 "향교에서 나오는 좋은 점과 나쁜 점에 대한 논평은 나의 스승이 되는데, 어찌 없앨 수 있겠습니까? 충(忠)과 선(善)으로 원망을 줄일 수는 있지만, 위세로 원망을 막을 수는 없다고 들었습니다. 그것은 개울물을 막는 것과도 같으니, 억지로 막으려다가 한꺼번에 터지면 많은 사람이 다칩니다."라고 말했습니다. 그렇다면 여기서 자산이 논거로 사용한 문헌기록(文)은 과연 무엇일까요?

1 원문은 다음과 같다. 鄭人遊於鄕校, 以論執政. 然明謂子產曰: "毁鄕校, 何如?" 子產曰: "何為? 夫人朝夕退而遊焉, 以議執政之善否. 其所善者, 吾則行之. 其所惡者, 吾則改之. 是吾師也, 若之何毁之? 我聞忠善以損怨, 不聞作威以防怨. 豈不遽止, 然猶防川, 大決所犯, 傷人必多, 吾不克救也. 不如小決使道. 不如吾聞而藥之也." 然明曰: "蔑也今而後知吾子之信可事也. 小人實不才, 若果行此, 其鄭國實賴之, 豈唯二三臣?" 仲尼聞是語也, 曰: "以是觀之, 人謂子產不仁, 吾不信也."

려왕이 횡포하고 잔악하며 사치하고도 오만하자, 나라 사람들이 임금을 비방했다. 그러자 소공이 간언하여 말했다. "백성들이 그 명령을 견디지 못합니다!" 려왕은 노하여 위나라의 무당을 불러, 비방하는 자들을 감시하게 하고 보고하면 곧 살해했다. (생략) 소공이 말했다. "이는 막는 것입니다. 백성들의 입을 막는 것은, 물을 막는 것보다 심합니다. 물이 막히면 무너져 많은 이들이 필히 다치게 되니, 백성 역시 이와 같습니다. 이 때문에 물을 다스리는 자는 물을 흐르게 하여 인도하고, 백성을 다스리는 자는 백성들을 밝혀 말하게 하는 것입니다."

王行暴虐侈傲, 國人謗王. 召公諫曰: "民不堪命矣!" 王怒, 得衛巫, 使監謗者, 以告則殺之. (생략) 召公曰: "是鄣之也. 防民之口, 甚於防水. 水壅而潰, 傷人必多, 民亦如之. 是故爲水者決之使導, 爲民者宣之使言."

-『사기(史記)』「주본기(周本紀)」

이와 같은 내용은 다음의 기록에도 보입니다.

아들 여왕 호가 즉위하였는데, 그는 무도하고 잔악하며 사치스럽고도 거만했다. 위나라의 무당을 불러서 백성 중에 비방하는 자를 감시하게 하고 보고하면 곧 죽이자, 백성들이 길에서 눈짓으로만 전달했다. 왕이 기뻐하여 말했다. "나는 나에 대한 비방을 그치게 할 수 있다." 그러자 어떤 사람이 말했다. "이는 막는 것입니다. 백성의 입을 막는 것은 냇물을 막는 것보다 심하니, 물이 막히면 무너져서 많은 이들이 필히 다치게 됩니다." 왕이 그 말을 듣지 않자 나라 사람들이 서로 더불어 배반하니, 왕이 '체' 지역으로 달아났다.

子厲王胡立, 無道暴虐侈傲, 得衛巫, 使監國人之謗者, 以告則殺之, 道路以目. 王喜曰, 吾能弭謗矣. 或曰: 是障也, 防民之口, 甚於防川, 水壅而潰, 傷人必多. 王弗聽, 於是國人相與畔, 王出奔彘.

-『십팔사략(十八史略)』「주왕조편(周王朝篇)」

이처럼 자산은 여기서도 문헌기록(文)을 근거로 발언(言)하여 자신의 의지(志)를 피력하는 수사(修辭)의 과정을 착실하게 밟았고, 이에 연명은 "그대는 진정 믿고 섬길 수 있는 분입니다."라면서 자산의 말에 수긍하고 나아가 이후로는 몸소 향교를 옹호하고 지키는 태도를 보이게(立其誠) 되었습니다. 그리고 그 결과 사람들이 더욱 자유롭게 향교에서 나랏일에 대해 거침없이 논함으로써, 궁극적으로는 나라를 안정시키는 공로를 세우게(所以居業也) 된 거죠.

2. 물과 불의 통치

『좌전(左傳)』「소공(昭公) 20년」에는 다음과 같은 기록[1]이 있습니다. 자산이 병에 걸리자, 자대숙(子大叔)을 불러서 말했습니다. “내가 죽으면 그대가 백성을 다스릴 터인데, 오로지 덕(德)이 있는 사람만이 백성들을 관대하게 복종시킬 수 있으니, 그다음으로는 엄격하게 다스리는 것이 가장 좋소. 불은 맹렬하기에 불에 다가가 죽는 사람이 적지만, 물은 관대하기에 가까이하다가 죽는 이들이 많소. 그러므로 관대함으로 다스리는 것은 어려운 것이오.” 자산이 죽고 나서 자대숙이 그를 이어 통치를 했는데, 백성들을 관대하게 다스리자 오히려 도둑이 많아졌습니다. 자대숙이 자산의 말을 듣지 않은 것을 후회하고 도둑질한 자

1 원문은 다음과 같다. 鄭子産有疾, 謂子大叔曰: “我死, 子必爲政. 唯有德者能以寬服民, 其次莫如猛. 夫火烈, 民望而畏之, 故鮮死焉. 水懦弱, 民狎而玩之, 則多死焉. 故寬難.” 疾數月而卒. 大叔爲政, 不忍猛而寬. 鄭國多盜, 取人於萑苻之澤. 大叔悔之, 曰: “吾早從夫子, 不及此.” 興徒兵以攻萑苻之盜, 盡殺之, 盜少止. 仲尼曰: “善哉! 政寬則民慢, 慢則糾之以猛. 猛則民殘, 殘則施之以寬. 寬以濟猛, 猛以濟寬, 政是以和. 《詩》曰: ‘民亦勞止, 汔可小康. 惠此中國, 以綏四方.’ 施之以寬也. ‘毋從詭隨, 以謹無良. 式遏寇虐, 憯不畏明.’ 糾之以猛也. ‘柔遠能邇, 以定我王.’ 平之以和也. 又曰: ‘不競不絿, 不剛不柔. 布政優優, 百祿是遒.’ 和之至也.”

들을 잡아다 죽이자 도둑이 줄어들게 되었죠. 이 일에 대해서, 공자는 "통치를 관대하게 하면 백성들이 게을러지고, 게을러지면 엄격하게 바로잡아야 하지만, 엄격하게 통제하면 백성들이 상처를 받으니 다시 관대함을 베풀어야 한다. 따라서 관대함과 엄격함이 조화를 이루는 정치가 가장 좋은 것이다."라고 평가한 바 있습니다.

그렇다면 자산의 물의 통치와 불의 통치, 나아가 공자의 부드러움과 강함의 통치에 관한 발언의 근거(文)는 과연 무엇일까요? 이와 관련하여, 이제 다음의 기록을 살펴보죠.

> 삼덕(三德: 세 가지 덕)이라 함은 첫 번째는 정직함을 말하는 것이요, 두 번째는 강직함으로 다스림을 말하는 것이요, 세 번째는 유함으로 다스림을 말하는 것이니, 백성이 평화롭고 안락하면 지도자는 정직함으로 다스리고, 백성이 굳어서 따르지 않으면 지도자는 강직함으로 다스리며, 백성이 화해하여 따르면 지도자는 유함으로 다스리고, 백성의 성정이 가라앉아 겉으로 드러나지 않으면 지도자가 강직함으로 다스리며, 백성의 식견이 높으면 지도자는 유함으로 다스리는 것입니다.

> 三德, 一曰正直, 二曰剛克, 三曰柔克, 平康正直, 彊弗友剛克, 燮友柔克, 沈潛剛克, 高明柔克.
> - 『상서(尙書)』「주서(周書)」

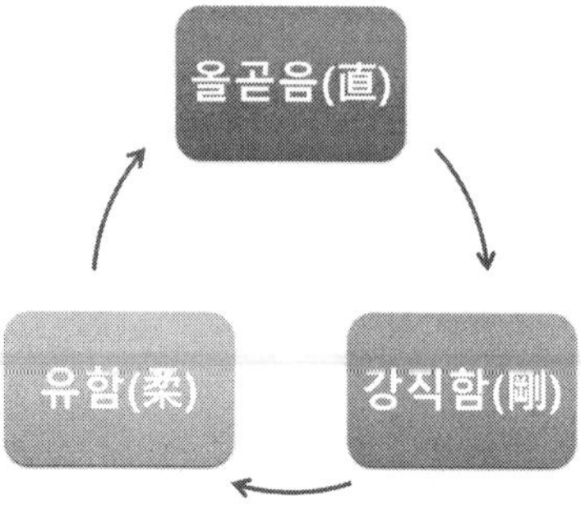

따라서 자산은 여기서도 기록(文)을 근거로 발언(言)하여 자신의 의지(志)를 피력하는 수사(修辭)의 과정을 원칙대로 이행했고, 자대숙 역시 비록 초기에 시행착오를 겪기는 했지만 궁극적으로는 실천(立其誠)에 옮김으로써 나라를 안정시키는 공로를 세울 수(所以居業也) 있었던 겁니다.

특히 여기서 자산과 공자가 언급한 내용은 바로 강함의 통치법과 부드러움의 통치법을 조화롭게 하려는 절조로서, 이는 다름 아닌 덕(德)을 지칭하죠. 이와 관련하여 자세한 내용은 뒤에서 좀 더 구체적으로 다루기로 하겠습니다.

제3장

문장(文)은 도(道)를 담는 그릇

제3장
문장(文)은 도(道)를 담는 그릇

그렇다면 말(言)로 자신의 의지(志)를 드러내는 수사(修辭)의 과정에서, 공자는 왜 반드시 문자기록 즉 문(文)에 근거하여 발언해야 한다고 말하는 것일까요? 이제 여기서 문(文)의 의미와 역할에 대해서 알아보기로 합시다.

중국 고대 문예 이론 중에 문이재도(文以載道)라는 개념이 있는데, 문장(文)이란 마땅히 도(道)의 내용을 담고 있어야 한다는 뜻을 지니고 있습니다. 춘추(春秋)와 전국(戰國)의 혼란기를 끝낸 중국 최초의 통일국가 진(秦)을 이은 한(漢) 왕조가 멸망하고, 다시 분열 국면인 위진남북조(魏晉南北朝)가 도래했죠.

이때부터 문장가들 사이에서는 내용보다 화려한 문풍(文風)만을 강조하는 형식주의가 점차 만연하기 시작했고, 이러한 폐해는 당(唐)과 송(宋) 왕조에 이르러 최고조에 이르렀답니다. 이에 대항하기 위해서 당송(唐宋) 시기에 고문운동(古文運動)이 일어났는데, 이 운동의 주요 인

물인 당(唐)의 한유(韓愈)는 문장(文)을 지을 때 화려한 형식을 배제하고 내용 즉 도(道)의 내용을 담아야 한다고 주장했습니다. 특히 송(宋)의 주돈이(周敦頤)는 "문장은 도를 싣기 위한 것이다. 수레를 꾸몄는데 사람이 쓰지 않는다면, 헛되이 꾸민 것이다. 하물며 텅 빈 수레는 말할 나위가 있겠는가(文所以載道也, 輪轅飾而人弗庸, 徒飾也, 況虛車乎)."라고 하여 처음으로 '문이재도'라는 표현을 썼습니다.

따라서 전통적 관점으로서의 문(文)은 도(道)의 구체적인 내용을 담고 있으므로, 문자기록 즉 문(文)은 도(道)를 문자로 풀이한 이론서가 됩니다. 다시 말해서 『시경(詩經)』, 『상서(尙書)=서경(書經)』, 『주역(周易)=역경(易經)』, 『예기(禮記)』 등의 문자기록(文)에는 도(道)가 무엇인지 그리고 그 구성 요소에는 어떤 것들이 있는지 나아가 어떻게 해야 도(道)에 도달할 수 있는지 구체적으로 설명하고 있으므로, 이는 천주교나 기독교로 빗대어 설명하자면 그들의 교리를 담고 있는 『성경(聖經)』과도 같은 위치에 있는 거죠.

천주교와 기독교에서 누군가에게 하나님의 존재나 신을 믿어야 하는 이유 등을 설명할 때, 성경 내용 구절들을 인용하는 이유가 무엇

일까요? 바로 상대방을 이해시키고 나아가 설득하기 위한 가장 유력한 근거가 되기 때문입니다. 마찬가지로 도(道)가 무엇인지 설명하고 나아가 도(道)를 실천해야 하는 이유를 설득할 때는, 바로 성경과도 같은 역할을 하는 서적 즉 도(道)의 구체적인 내용을 담고 있는 이론서인 『시경(詩經)』, 『서경(書經)』 등의 문자기록(文)을 인용해서 말할 수밖에 없는 거죠.

알다시피 상대방에게 어떤 개념을 설명하고 나아가 설득해야 할 때, 우리는 가장 유력한 근거를 인용하여 말함으로써 자신의 발언에 힘을 불어넣으려고 애씁니다. 그렇게 해야 이해와 설득력이 높아지니까요. 바로 이것이 말(言)로 자신의 뜻과 의지(志)를 드러내는 수사(修辭) 과정에서, 다른 무엇보다 문(文)이 필요한 이유입니다. 그리고 문(文)은 예로부터 전해 내려온 것이므로, 오늘날 우리는 이 문(文)을 고전(古典)이라고 부릅니다. 따라서 수사(修辭)를 이해하기 위해서는 고전(文)을 살피지 않을 수 없는 겁니다.

1. 미시적 관점의 수사와 부비흥(賦比興)

수사는 복잡하고 난해한 개념을 쉽게 잘 풀어서 상대방이 이해하도록 돕습니다. 그렇게 되면 상대방이 그 개념을 이해하고 나아가 확고하게 몸소 실천함으로써, 궁극적으로는 나라와 백성을 위해서 공로를 세울 수 있게 되죠.

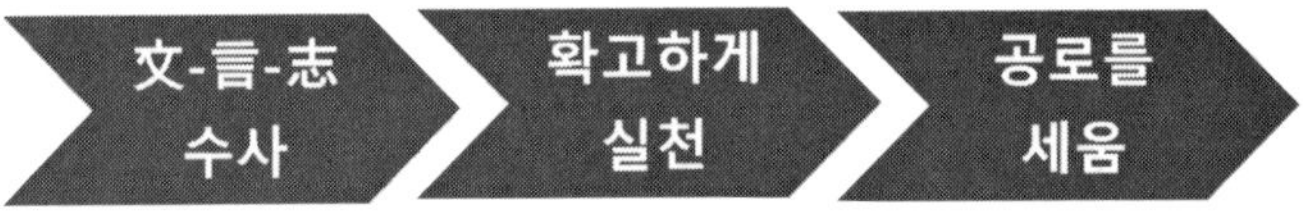

이러한 수사는 이해와 설득력을 높이기 위해서 유력한 근거를 종종 인용하는데, 그것이 바로 예로부터 내려오는 문자기록(文) 즉 고전(古典)입니다. 그런데 여기에는 한 가지 흥미로운 사실이 숨겨져 있습니다. 바로 수사의 근거가 되는 문자기록(文) 즉 고전(古典)을 보면, 여기서도 난해한 개념을 쉽게 이해시키려는 노력의 흔적 즉 수사를 어렵지 않게 찾아볼 수 있다는 거죠.

따라서 수사에는 두 가지 관점이 있음을 알 수 있습니다. 하나는 문(文)-언(言)-지(志) 과정을 통해서 상대방을 이해시키고 설득하는 거시적 관점의 수사, 또 하나는 그

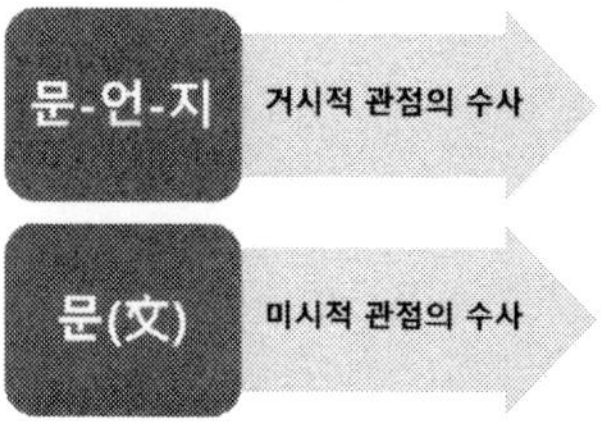

러한 수사의 근거가 되는 문(文) 자체에서 복잡하고 난해한 개념을 쉽게 풀어서 설명하기 위하여 사용한 미시적 관점의 수사가 그것입니다. 그래서 동서양을 막론하고 고전을 읽노라면, 미시적 관점의 수사를 통해서 어떠한 도리를 설명하는 경우를 종종 발견할 수 있죠.

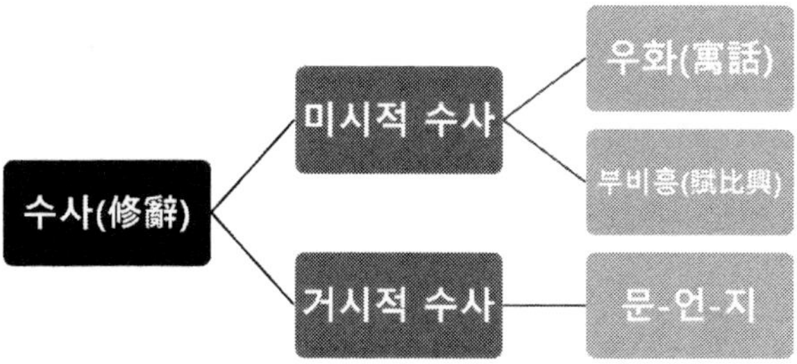

이러한 미시적 관점의 대표적인 방법 하나가 바로 우화(寓話)를 활용한 우회적인 방법으로 정치나 윤리적 충고를 하는 경우랍니다.

우화는 동서고금을 막론하고 정치적 윤리적 충고를 할 때 빈번히 쓰이던 수사의 전형적인 형태입니다. 보통은 이야기 형식의 비유를 통해서, 언뜻 들으면 잘 와닿지 않는 피상적인 개념을 구체적으로 풀어내고 있습니다. 그래서 동서양의 고전에는 모두 예로부터 내려오는 진리를 우화로 설명하고자 노력한 흔적을 많이 찾아볼 수 있는데요. 대

표적으로 서양의 이솝 우화(Aesop's Fables)와 탈무드(Talmud), 동양의『요재지이(聊齋志異)』 등을 들 수 있답니다.

미시적 관점의 수사에는 또 부비흥(賦比興)도 있습니다. 이는『시경(詩經)』 작품들의 창작 기교로 불리는데요.

1) 부(賦)는 읊으려는 대상을 어떤 수식 기교도 없이, 있는 그대로 담백하게 서술하는 것입니다.
2) 비(比)는 읊으려는 대상을 다른 어떤 것과 비교하거나, 또는 비유적으로 표현하는 방식입니다.
3) 흥(興)은 읊으려는 대상을 연상시키는 사물을 먼저 끌어들여 말한 후에, 이어서 읊으려는 대상을 구체적으로 표현하는 방식입니다. 암시(暗示) 또는 은유(隱喩)를 통해 작품의 주제(主題)를 드러내는 거죠. 그래서 흥(興)의 주된 목적이 작품 주제를 불러일으키는 데 있다고 설명하기도 합니다.

이제『시경』의 첫 번째 작품인「관저(關雎)」 편을 예로 들어서, 부비흥(賦比興)을 설명해보기로 하겠습니다.

구구 지저귀는 물수리가, 황하의 모래톱에 있네.
얌전하고도 정숙한 아리따운 여인은, 군자가 짝으로 하기를 좋아하네.

關關雎鳩, 在河之洲. 窈窕淑女, 君子好逑.

1장에서 먼저 작자는 물수리를 끌어들임으로써, 이 작품의 주제가 바로 지도자 즉 리더에 대한 것임을 암시합니다. 오늘날에도 수리는 하늘의 왕을 상징하죠? 따라서 여기서 물수리는 리더에 대한 은유가 되므로, 이는 작품 전체의 주제를 불러일으키는 흥(興)이 되는 겁니다. 특히 바로 이어서 군자가 요조숙녀에게 호감을 갖게 된다고 말하고 있으므로, 물수리는 군자를 떠올리게 한 메타포(metaphor)이죠.

메타포는 미시적 관점과 거시적 관점으로 나눠서 설명할 수 있는데, 수사법 중 하나인 은유법으로 풀이되는 것은 미시적 관점에서의 접근입니다. 그렇다면 거시적 관점에서의 메타포란 무엇일까요?

가령 길을 걷다가 아이스크림을 먹고 있는 한 이성을 보고 첫눈에 반했다고 상상해봅시다. 그날 이후 아이스크림을 먹고 있는 사람 심지어 아이스크림이라는 단어만 접해도 이상하리만큼 자꾸 그 사람이 생각난다면, 이제 여러분에게 있어서 아이스크림은 첫눈에 반한 그 이성의 메타포가 되는 겁니다. 거시적 관점의 메타포는 단순히 부분적으로 빗대는 은유의 대상일 뿐만 아니라, 주제와 일체화된 대상 즉 그 자체가 되죠. 그래서 흥(興)은 메타포(metaphor)라

고 할 수 있습니다.

정리하면 이 작품의 작자는 물수리를 바라보면서 군자를 떠올렸고, 이제 군자에 대한 생각에 잠기게 되는 겁니다. 군자는 얌전하고도 정숙한 아리따운 여인(요조숙녀)에게 호감을 갖게 되는데요. 뒤에서 점차 밝혀지지만, 얌전하고도 정숙한 아리따운 여인은 군자가 찾아 헤매고 있는 현명한 인재를 빗대어 표현한 비(比)가 됩니다.

들쭉날쭉한 노랑어리연꽃을, 이리저리 헤치네.

얌전하고도 정숙한 아리따운 여인은, 자나 깨나 군자가 구한다네.

參差荇菜, 左右流之. 窈窕淑女, 寤寐求之.

2장 첫 구절에서 작자는 들쭉날쭉한 노랑어리연꽃을 이리저리 헤치는 모습을 보고, 군자가 얌전하고도 정숙한 아리따운 여인을 찾아 헤매고 있는 상황을 떠올립니다. 따라서 2장 첫 구절 역시 흥(興) 즉 거시적 관점의 메타포(metaphor)입니다. 물론 여기서도 여인은 현명한 인재를 빗댄 비(比)가 되죠. 특히 뒤에서 구체적으로 소개하겠지만, 군자(君子)는 소강 사회를 이끈 뛰어난 지도자 즉 리더가 됨에 유의해야 합니다.

군자가 구하여도 얻지 못하니, 자나 깨나 마음속에 간직하네.

아, 아! 잊지 못하여 이리 뒤척이고 저리 뒤척인다네.

求之不得, 寤寐思服. 悠哉悠哉! 輾轉反側.

하지만 어찌 된 일인지 3장에서는 뜻대로 되지 않자, 군자는 뒤척이며 괴로워하죠. 즉 이 구절은 지도자가 자기를 보좌해 줄 뛰어난 인재를 찾지만, 여의치 않은 상황임을 빗대어 표현한 비(比)가 됩니다.

들쭉날쭉한 노랑어리연꽃을,

이리저리 뜯네.

얌전하고도 정숙한(禮) 아리따운 여인은,

거문고와 비파(樂)로 가까이하네.

參差荇菜, 左右采之.

窈窕淑女, 琴瑟友之.

들쭉날쭉한 노랑어리연꽃을, 이리저리 뽑네.

얌전하고도 정숙한(禮) 아리따운 여인은, 쇠북과 북(樂)으로 즐거워하네.

參差荇菜, 左右芼之. 窈窕淑女, 鍾鼓樂之.

하지만 4장에서 군자와 얌전하고도 정숙한 아리따운 여인(현명한 인재)은 서로의 감정을 확인하고, 5장에서 결국 조화로움(和)을 이루게 됩니다.

특히 4장의 얌전하고도 정숙한 아리따운 여인(현명한 인재)과 거문고·비파 그리고 5장의 얌전하고도 정숙한 아리따운 여인(현명한 인재)과 쇠북·북은 각각 예(禮)와 음악(樂)을 뜻합니다. 즉 참된 지도자인 군자가 드디어 얌전하고도 정숙한 여인(현명한 인재)을 만나서 예악(禮樂)을 정비한다는 거죠. 다시 말해서 마지막은 참된 지도자인 군자가 현명한 신하를 만나서 드디어 국가의 틀이 되는 예(禮)와 악(樂)을 조화롭게(和) 하는 예악제도를 완성하게 됨을 상징하고 있습니다.

이제 지금까지 설명한 거시적 관점과 미시적 관점의 수사(修辭) 두 개념을 통해서, 도(道)에 대해서 상세하게 알아보기로 합시다.

제4장

도(道)에는 몇 가지가 있을까?

제4장
도(道)에는 몇 가지가 있을까?

그렇다면 도(道)는 과연 무엇이고, 또 몇 종류가 있을까요? 먼저 도(道)에는 몇 가지가 있는지부터 살펴보겠습니다.

스스로 진실한 것은 하늘의 '도'이고, 애써서 진실하게 하는 것은 사람의 '도'이다. 스스로 진실한 사람은 굳이 힘쓰지 않아도 객관적이고 공정해서 중(中)의 자세를 지키고, 또 굳이 하려고 생각하지 않아도 자연스레 얻게 되어서 차분하게 '도'에 들어맞는데, 이는 성인만이 할 수 있다. 반면 애써서 진실하게 한다는 것은, 선한 것을 가려서 흔들리지 않도록 굳건히 잡는 것이다.

誠者天之道也, 誠之者人之道也. 誠者, 不勉而中, 不思而得, 從容中道, 聖人也. 誠之者, 擇善而固執之者也. - 『예기(禮記)』「중용(中庸)」

도(道)에는 두 가지가 있습니다. 애쓰지 않아도 스스로 진실한 무위자연(無爲自然)은 '하늘의 도' 즉 천도(天道)이고, 작위(作爲)하여 애써 노력함으로써 진실하게 한다는 것은 '사람의 도' 즉 인도(人道)입니다. 누가 뭐라고 하지 않아도 타고난 천성에 따라서 스스로 진실한 사람은

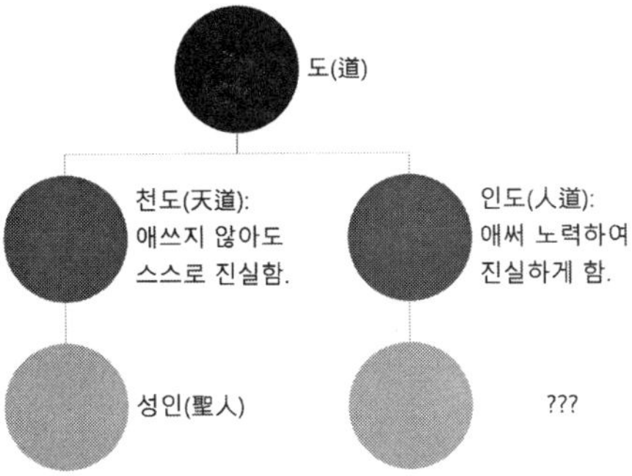

굳이 그렇게 하려고 힘쓰지 않아도 중(中)의 자세를 지키고, 또 굳이 하려고 생각하지 않아도 원하는 대로 얻게 되어서 차분하게 순리적으로 도(道)에 들어맞게 되는데, 사실 이는 성인(聖人)만이 할 수 있는 경지죠. 반면에 작위하여 애써 노력함으로써 진실하게 한다는 것은 선(善)을 가리어 굳게 잡음으로써 도(道)에 들어맞게 바로잡는 거랍니다. 그래서 공자는 다음과 같이 설명하기도 했습니다.

공자가 노나라 임금인 애공을 모시고 앉았다. 애공이 물었다. "감히 묻노니, 사람의 '도'는 무엇을 큰 것으로 여기는가?" 그러자 공자가 엄정하게 낯빛을 고치고는 대답했다. "임금께서 이 말씀에 이르신 것은 백성들의 덕입니다. 진실로 신은 감히 사양치 않고 대답하겠습니다. 사람의 '도'는 정치를 큰 것으로 여깁니다." 그러자 애공이 다시 물었다. "감히 묻겠는데, 어떤 것을 이르러 정치한다고 일컫는가?" 이에 공자가 대답했다. "정치는 바로잡는 것입니다. 임금이 바르게 하면, 곧 백성들이 정치에 따릅니다. 임금이 행하면, 백성들은 따릅니다."

孔子侍坐於哀公. 哀公曰: "敢問人道誰爲大." 孔子愀然作色而對曰: "君之及此言也, 百姓之德也. 固臣敢無辭而對. 人道政爲大." 公曰: "敢問何謂爲政." 孔子對曰: "政者, 正也. 君爲正, 則百姓從政矣. 君之所爲, 百姓之所從也."

- 『예기(禮記)』 「애공문(哀公問)」

이제 『예기(禮記)』 「예운(禮運)」 편의 기록을 통해서, 천도(天道)와 인도(人道)에 대해서 좀 더 구체적으로 살펴보기로 합시다.

예전에 공자가 하늘에 지내는 제사에 참석했다. 제사가 끝난 후, 공자는 누각에 올라 길게 한숨을 내쉬었다. 공자가 길게 한숨을 내쉰 것은 아마도 노나라의 앞날을 한탄한 것이리라. 곁에 있던 제자 자유(子游)가 물었다. "스승님, 어쩐 일로 한숨을 내쉰 것입니까?" 그러자 공자가 대답했다. "큰 도가 실시될 때와 하(夏)나라, 상(商)나라, 주(周)나라 세 왕조의 훌륭한 인물들이 통치할 때는, 비록 내가 그 시대로 돌아가 볼 수는 없으나 기록에 보존되어 있으므로, 그 시대 상황이 어땠는지 알 수 있다."

者仲尼與于蠟賓. 事畢, 出遊于觀之上, 喟然而歎. 仲尼之歎, 蓋歎魯也. 言偃在側, 曰: "君子何歎?" 孔子曰: "大道之行也, 與三代之英, 丘未之逮也, 而有志焉."

춘추시대에 살았던 공자는 여기서 옛날을 1) 큰 도가 실시될 때와 2) 하, 상, 주 세 왕조의 훌륭한 인물이 나라를 다스리던 때 두 부분으로 나누고 있음을 알 수 있습니다. '큰 도' 즉 대도(大道)가 실시되던 때는 이른바 대동 사회이고, 하, 상, 주 세 왕조의 훌륭한 인물들이 통치하던 시기는 바로 소강 사회입니다. 그런데 여기서 주의해야 할 점이 있습니다. 바로 공자는 소강 사회에 대해서 정의를 내릴 때 단지 하나라, 상나라, 주나라의 훌륭한 인물이 다스리던 시기라고 소개했지, 결코 세 왕조의 모든 시기를 지칭하지는 않았다는 점이죠. 그리고 여기서 미리 밝혀야 할 것이 있는데, 하, 상, 주 세 왕조의 훌륭한 인물이란 잠시 후 아래에서 언급되는 여섯 명의 군자(君子)라는 점입니다.

큰 도가 실시될 때는 세상이 모든 이들의 것이었다. 인품이 훌륭한 인물이 선택되었고, 또 재능이 있는 이가 선발되었다. 신뢰가 중시되고, 사람들의 관계가 화목하게 되었다. 이 때문에 사람들은 자기 부모만 보살핀 것이 아니었고, 역시 자기 자녀만 돌본 것이 아니었다.

大道之行也, 天下爲公. 選賢與能, 講信修睦. 故人不獨親其親, 不獨子其子.

임금을 선발할 때 사람들은 혈통이나 배경에 의지하지 않고 오로지 인품과 행정 능력만 보고 뽑았는데, 이것이 바로 대동 사회의 선양(禪讓)제도입니다. 특히 여기서 주의해야 할 것은 노자는 『도덕경』에서 도(道)를 설명할 때마다, 종종 대도(大道) 즉 '큰 도' 또는 천도(天道) 다시 말하자면 '하늘의 도'라고 불렀다는 점인데요. 따라서 노자의 도는 대동과 관련된답니다. 그리고 남의 부모와 자녀들을 자기 가족처럼 돌봤다는 말뜻은, 대동 사회가 진정한 의미에서의 상생과 공생을 실천한 사회였음을 의미하고 있죠.

노인들은 천수를 다하다 죽고, 젊은이들은 재능을 펼칠 수 있었으며, 어린이들은 보살핌을 받으며 성장할 수 있었다. 늙어 부인이 없는 이(환: 鰥), 늙어 남편이 없는 이(과: 寡), 부모 없는 어린이(고: 孤), 자식 없는 노인(독: 獨)과 장애인들 모두가 보살핌을 받았다. 모든 남성은 일자리가 있어 자신이 속한 직분이 있었고, 모든 여성은 남편이 있어 자신이 속한 집안이 있었다.

使老有所終, 壯有所用, 幼有所長, 矜寡孤獨廢疾者皆有所養. 男人分, 女有歸.

여기서는 오늘날의 복지 제도와 유사한 개념을 설명하고 있는데, 이는 두 가지 관점에서 접근할 필요가 있습니다. 하나, 환과고독(鰥寡孤獨) 이 네 가지 계층은 사회의 최약자층을 대표하는데, 이들은 모두 국가의 보살핌을 받고 있었다는 점입니다. 또 당시에는 장애인 역시 사회 구성원 중 하나로, 무시받지 않았음을 의미하기도 하죠. 둘, 국가가 발 벗고 나서서 배우자를 찾지 못한 남녀들을 연결해줘서, 독신 생활을 하는 이들이 없었다는 점입니다.

> 사람들은 재산을 귀히 여겨서 함부로 대하지 않았지만, 반드시 자기 집에 보관하려 하지는 않았다. 사람들은 또한 자기 힘을 들여 애써 일하는 것을 중시했지만, 반드시 자기만을 위해서 그런 것은 아니었다. 이 때문에 얄팍한 계략이 통하지 못하고 도적이나 반란이 일어나지 못했다. 따라서 사람들이 밖의 대문을 잠그지 않았으니, 이를 대동이라고 일컫는다.

> 貨, 惡其棄于地也, 不必藏于己; 力, 惡其不出于身也, 不必爲己. 是故謀閉而不興, 盜竊亂賊而不作. 故外戶而不閉. 是謂大同.

계략이라는 것은 남보다 자신이 더 잘나고 더 잘되기를 바라는 마음에서 비롯되죠. 따라서 귀한 물건을 귀히 여기되 나 혼자만 독차지하지 않고, 또 열심히 일하고자 하나 그것이 반드시 자기 자신만을 위함이 아니라 함께 하려는 마음이 있다면, 굳이 타인의 것에 욕심을 부리지 않게 되므로, 남의 집 대문을 열고자 하는 탐욕이 일지 않던 겁니다.

> 그런데 이제는 큰 도가 사라졌으니, 세상이 사기 것만을 챙기게 되었다. 사람들은 자기 부모만을 모시고, 자기 자녀만을 챙겼다. 재물과 힘은 자기 자신을 위해

서만 썼다. 지배계급들은 세습을 예의로 삼았고, 성 주위에 둘러 판 연못인 해자를 만들어 다른 사람들이 침입하지 못하도록 했으며, 예(禮)와 의로움(義)을 기강으로 삼았다. 그들은 예의와 의로움으로 임금과 신하 관계를 바로 하고, 부모와 자식 관계를 돈독히 하였으며, 형제간에 화목하게 하고, 부부 사이를 조화롭게 하였으며, 제도를 설치했다. 또 논밭의 경계를 명확하게 가르고, 용감하고 지혜로운 자를 존중하고, 공적을 자기의 것으로 여겼다. 이에 사람들은 자기가 남들보다 더 가지려고 권모술수를 쓰기 시작했고, 나아가 전쟁이 발발하게 되었다. 하나라의 우, 상나라의 탕, 주나라의 문왕과 무왕, 성왕 및 주공은 모두 예(禮)와 의로움(義)으로 시비를 가렸다. 이 여섯 군자는 하나도 빠짐없이 모두 예(禮)를 대단히 중시했다.

今大道既隱, 天下爲家. 各親其親, 各子其子. 貨, 力爲己. 大人世及以爲禮, 城郭溝池以爲固, 禮義以爲紀; 以正君臣, 以篤父子, 以睦兄弟, 以和夫婦, 以設制度, 以立田裏, 以賢勇智, 以功爲己. 故謀用是作, 而兵由此起. 禹, 湯, 文, 武, 成王, 周公由此其選也. 此六君子者, 未有不謹于禮者也.

이 여섯 군자는 위에서 언급한 바 있는 하, 상, 주 세 왕조의 위대한 인물들이죠. 따라서 이를 통해서, 군자는 소강 사회와 밀접한 관계를 맺고 있음을 눈치챌 수 있을 겁니다.

이를 따르지 않는 이가 있다면, 설령 그가 권세가 있는 사람일지라도 처벌하여, 백성들이 그것을 재앙으로 삼았으니, 이를 소강이라고 일컫는다.

以著其義, 以考其信, 著有過, 刑仁講讓, 示民有常. 如有不由此者, 在執(勢)者去, 衆以爲殃. 是謂小康.

이를 통해서 우리는 다음의 사실을 유추해낼 수 있는데, 이 여섯 군자가 중시한 예(禮)와 의로움(義)은 공자가 강조한 것이기도 하다는 겁니다. 다시 말해서, 공자가 그토록 강조한 군자는 인격이 훌륭한 인물이 아니라, 바로 훌륭한 정치가 즉 리더들을 지칭한 것이라는 점입니다. 또 공자의 현실적 목표는 대동에 있지 않고, 바로 소강 사회로의 복귀에 있음을 확인할 수 있죠.

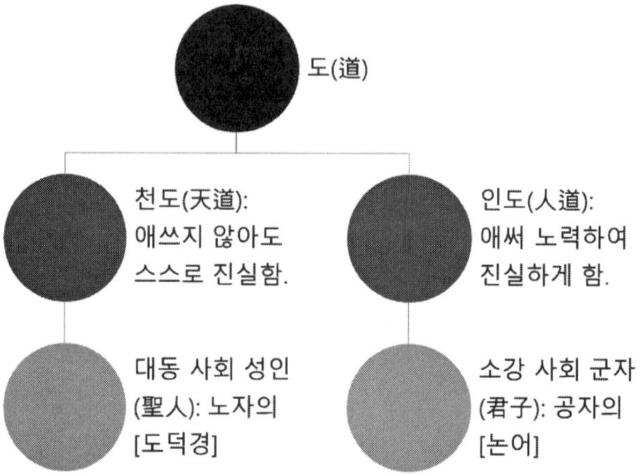

이제 위에서 열거한 내용을 정리하면 다음과 같습니다. 도(道)에는 두 가지가 있는데, 하나는 '하늘의 도(天道)'입니다. '하늘의 도'는 억지로 애쓰지 않아도 스스로 진실한 '무위자연(無爲自然)의 도'로서, 대동 사회를 이끈 지도자인 '성인(聖人)'이 행했습니다. 노자는 『도덕경』에서 바로 성인의 '천도(天道)'에 대해서 상세히 설명했습니다.

또 하나는 '사람의 도(人道)'입니다. '사람의 도'는 '작위하여 애써 노력함으로써 진실하도록 바로잡는 도'로서, 소강 사회를 이끈 지도자인 '군자(君子)'가 행했습니다. 공자는 『논어』에서 바로 군자의 '인도(人道)'에 대해서 상세히 설명했습니다.

1. 도(道)란 무엇인가?

道 辶 首

'길 도(道)'는 '쉬엄쉬엄 갈 착(辶)'과 '머리 수(首)'가 합쳐진 글자입니다.

'머리 수(首)'의 갑골문(왼쪽)과 금문(오른쪽)의 형태를 보면, 이는 동물의 머리 모양을 그대로 본뜬 것임을 알 수 있습니다. 알다시피 '머리'는 신체의 맨 위를 나타내기도 하지만, 맨 앞을 나타내기도 합니다. 그리고 사람이든 동물이든 어떤 곳으로 가려고 할 때, 먼저 머리부터 가려는 방향으로 내밀죠. 따라서 '머리 수(首)'는 여기서 '나아가려는 방향'을 나타냅니다.

'쉬엄쉬엄 갈 착(辶)'의 갑골문(왼쪽)은 사거리를 나타내는 '다닐 행(行)'의 갑골문(가운데)과 '그칠 지(止)'의 갑골문(오른쪽)이 합쳐진 형태의 글자입니다. 특히 '그칠 지(止)'의 갑골문(오른쪽)은 사람의 발바닥과 그

옆으로 삐져나온 엄지발가락을 그린 형태로서, 사람이 길을 가다가 멈출 때는 엄지발가락에 힘을 준다는 원리에서 착안했습니다. 길거리에서 길을 가다가 엄지발가락에 힘을 줘서 걸음을 멈추는 것은, 그만큼 쉬엄쉬엄 간다는 뜻을 지닌다는 거죠.

이처럼 도(道)라는 것은 '가려는 곳으로 머리를 향하고, 쉬엄쉬엄 가는 길'이라는 표면적인 의미를 지닙니다. 그렇다면 우리는 어떤 길을 갈 때 쉬엄쉬엄 가려 할까요? 목적지가 바로 눈앞에 보이는데도 그럴까요? 아니면 가야 할 길의 끝이 보이지 않을 때 비로소 걸음을 재촉하는 걸 그만두고, 마음을 차분하게 하여 꾸준히 걸어가려 할까요? 일반적으로 우리는 후자의 방법을 선택하겠죠. 따라서 도(道)는 평생을 두고 쉬엄쉬엄, 그리고 중간에 변치 않고 꾸준히 걸어야 하는 길이 되는 겁니다. 그래서 노자와 공자는 모두 초지일관하지 못하고 중간에 변하면 그건 도(道)가 될 수 없다고 강조합니다.

30-6: 사물이 강대해지면 곧 쇠퇴하는데, 이는 도에 부합되지 않는다고 일컫는다. 도에 부합되지 않으면 일찌감치 사라진다.

物壯則老, 是謂不道, 不道早已. -『도덕경(道德經)』

55-6: 사물이 강대해지면 곧 쇠퇴하는데, 그것을 일컬어 도에 부합되지 않는다고 한다. 도에 부합되지 않으면 일찌감치 사라진다.

物壯則老, 謂之不道, 不道早已. -『도덕경(道德經)』

공자가 말씀하셨다. "도는 사람에게서 멀지 아니하니, 사람이 그것을 행하나 사람에게서 멀어진다면, 도라고 할 수 없다."

子曰: "道不遠人, 人之爲道而遠人, 不可以爲道."
-『예기(禮記)』「중용(中庸)」

도라는 것은 잠시도 떠날 수 없으니, 떠날 수 있다면 도가 아니다.

道也者, 不可須臾離也, 可離, 非道也. -『예기(禮記)』「중용(中庸)」

6-5: 공자가 말씀하셨다. "안회는 그 마음이 오랫동안 어짊을 어기지 않는다. 그 밖의 사람들은 기껏해야 하루나 한 달 동안 버틸 뿐이다."

子曰: "回也, 其心三月不違仁. 其餘, 則日月至焉而已."
-『논어(論語)』「옹야(雍也)」

그러므로 도(道)는 '항상 상(常)'을 내포하게 되어있답니다. 이는 도(道)와 덕(德)을 구분하는 중요한 기준이 되는데, 왜 그런지 한번 생각해 봐요. 우리는 지도자가 덕(德)으로 나라를 다스리는 덕치(德治)를 행하면 그 나라가 잘된다는 사실을 익히 알고 있습니다. 하지만 지도자가 중간에 변심하면, 그 나라는 다시 쇠락의 길을 걸을 수밖에 없다는 사실 역시 잘 이해하고 있죠. 동서고금을 막론하고 모든 독재자는 이제 막 정권을 장악했을 때는 순수한 마음으로 나라와 백성을 위해 노력하지만, 점차 권력에 대한 욕심이 생기면서 독재를 추구하다가 결국 나라와 자신의 운명을 모두 망친다는 공통점을 갖고 있습니다. 따라서 도(道)와 바로 그 아래의 개념인 덕(德)을 구분하는 중요한 기준이, 바로 초심을 끝까지 버리지 않는 '항상 상(常)'이 됨을 꼭 기억해야 합니다.

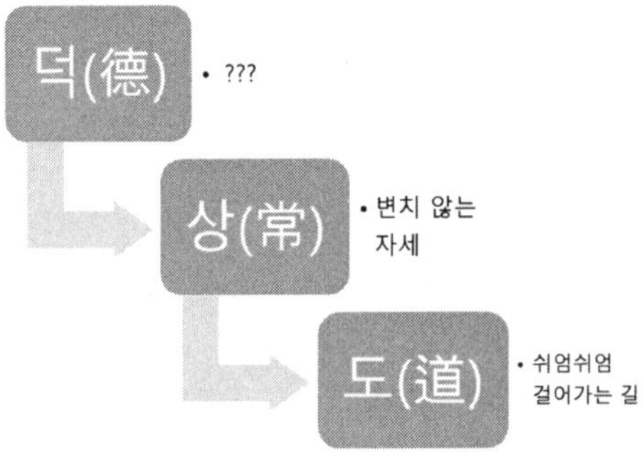

이제 상술한 내용을 종합해보면, '하늘의 도(天道)'는 대동 사회를 이끈 지도자인 '성인(聖人)이 걸어온 길'이고, '사람의 도(人道)'는 소강 사회를 이끈 지도자인 '군자(君子)가 걸어온 길'이 됩니다. 따라서 '길 도(道)'라는 것은 바로 지도자가 걸어야 할 길 즉 오늘날의 리더십(leadership)과 같은 의미를 지닙니다. 특히 나라를 다스리는 지도자가 걸어야 할 길이므로, 도(道)는 다분히 정치적 색채가 짙은 리더십을 뜻하죠. 이 점에 대해서는 덕(德)을 다루는 부분에서도 한 번 더 언급할 기회가 있을 겁니다. 물론 그 리더십은 초심을 끝까지 가져가야 하는 초지일관의 자세를 지녀야 합니다.

2. 하늘의 도(天道)는 커다란 도(大道)

지도자의 리더십인 도(道)에는 하늘의 도(天道)와 사람의 도(人道)가 있습니다. '하늘의 도'는 대동 사회를 이끈 지도자인 성인의 리더십인 반면, '사람의 도'는 소강 사회를 이끈 군자의 리더십이죠. 이제 노자의 『도덕경』을 통해서 '하늘의 도'에 대해 좀 더 구체적으로 알아볼까요?

> 47-1: 대문을 나가지 않아도 세상을 알 수 있고, 창밖을 보지 않아도 하늘의 도를 알 수 있다.
>
> 不出戶, 知天下; 不窺牖, 見天道.

노자는 말합니다. 백성을 통제하려 들지 않는 지도자는 그저 원칙만을 따를 뿐이지만, 백성을 통제하려는 지도자는 원칙을 세분해서 법과 제도를 강화하려 든다고 말이죠. 따라서 지도자가 대동 사회를 이끈 리더십인 하늘의 도를 진정으로 이해하면, 굳이 문밖으로 나가서 다른 것들을 보지 않아도 세상을 다스리는 이치를 이해할 수 있다고 말한 겁니다. 이제 이와 관련하여, 대동 사회를 이끈 삼황오제(三皇五帝)

중 하나인 제곡과 관련된 기록을 살펴보죠.

> 제곡은 태어나면서 신통하고 재능이 뛰어나, 스스로 자신의 이름을 말했을 정도였다. 또 두루 베풀어 세상 만물을 이롭게 하였지만, 자신에게는 아니어서 자기만 잘되도록 돌보지는 않았다. 귀가 밝아서 멀리 있는 백성이 바라는 것들까지 알았고, 눈이 밝아서 백성이 바라는 작은 것들까지 살폈다. 하늘의 법도를 따르고, 백성들이 무엇을 긴요하게 생각하는지를 잘 알았다. 어질면서도 위엄 있고, 은혜로우면서도 믿음이 있었으며, 자기 자신을 늘 갈고닦았기에, 이에 세상이 복종했다.

> 高辛生而神靈, 自言其名.普施利物, 不於其身. 聽以知遠, 明以察微. 順天之義, 知民之急. 仁而威, 惠而信, 脩身而天下服. 取地之財而節用之, 撫教萬民而利誨之, 曆日月而迎送之, 明鬼神而敬事之. 其色郁郁, 其德嶷嶷. 其動也時, 其服也士. 帝嚳漑執中而遍天下, 日月所照, 風雨所至, 莫不從服.
>
> -『사기』「오제본기(五帝本紀)」

따라서 원칙이란 가장 기본이 되는 것 즉 근본이 됩니다. 이는 지도자가 귀와 눈을 열어서 백성이 진정 무엇을 원하는지 살피고, 나아가 자신이 늘 부족하다고 생각하여 삼가 노력하는 자세를 보이는 것이죠.

73-4: 하늘의 도는 싸우지 않아도 잘 이기고, 말하지 않아도 잘 반응하며, 부르지 않아도 스스로 오고, 느슨해도 일을 잘 꾸민다.

天之道, 不爭而善勝, 不言而善應, 不召而自來, 繟然而善謀.

백성이 천성에 따라서 스스로 본업에 충실할 수 있도록 하는 하늘의 도는 자애로움으로 감화시키기 때문에 물리적으로 제압하지 않아도 상대방이 복종하고, 말과 명령을 함부로 하지 않기 때문에 백성이 기꺼운 마음으로 지도자의 뜻에 화답하며, 굳이 소집하지 않아도 자발적으로 다가오고, 법과 제도를 세분해서 통제하지 않기 때문에 느슨한 것 같지만 오히려 일을 잘 도모하게 됩니다. 특히 "느슨한 것 같지만 오히려 일을 잘 도모하게 된다."라는 표현과 관련하여, 노자는 또 다음과 같이 설명합니다.

73-5: 하늘의 그물은 크고 넓어서, 성기지만 새지 않는다.

天網恢恢, 疏而不失.

하늘의 도는 너무나도 크고 넓어서, 언뜻 보기에는 좀 엉성하고 부족한 듯할 수도 있습니다. 하지만 실제로는 백성이 천성에 따라서 스스로 본업에 충실하도록 다스리는 것이기 때문에, 그들의 원망이나 불만을 사지 않게 되어 나라를 오랫동안 평안하게 유지할 수 있다는 건데요. 이에 대한 이해를 돕기 위해서, 또 하나의 예시를 들어보겠습니다.

물고기를 포획할 때 쓰는 어망은 그물코의 규격이 법적으로 정해져 있는데 간격이 생각보다 그리 촘촘하지 않습니다. 그물코의 간격이 지나치게 촘촘하면 치어들까지 잡히기 때문이죠. 만약 그렇게 되면 바다에는 물고기 씨가 말라서, 후대는 물고기를 박물관에서 박제로만 보게 될지 모릅니다.

마찬가지의 도리로 법과 제도를 지나치게 세분하면, 나중에는 그 많은 법과 제도가 서로 충돌을 일으켜서 이러지도 저러지도 못하는 모순적 상황에 놓일 수 있습니다. 또 지도자가 법과 제도를 강화해서 일거수일투족을 제어하려 들면, 백성은 숨을 쉬지 못해서 헐떡거리다 결국 쓰러지게 되죠.

역사상 최초의 왕조로 기억되는 고조선은 여덟 개의 법 조항인 팔조법(八條法)으로 나라를 다스렸다고 합니다. 제1조, 사람을 죽인 자는 사형에 처한다. 제2조, 남에게 상해를 입힌 자는 곡물로 배상한다. 제3조, 남의 물건을 훔친 자는 데려다 노비로 삼으며, 속죄하고자 하는 자는 1인당 50만 전(錢)을 내야 한다. 나머지 다섯 개 조항은 기록이 남지 않아서 확인할 수가 없지만 세월이 흘러서 여덟 개의 조항은 60여 개로 늘어났다고 합니다. 따라서 이제 우리는 고조선이 어떻게 원칙적인 8조의 법만으로 나라를 잘 다스릴 수 있었는지 다시 생각해봐야 할 때입니다.

바로 위의 73-5에서 하늘의 도가 너무나도 크고 넓다고 했는데요. 그래서 노자는 '하늘의 도'를 '큰 도' 즉 대도(大道)라고 표현하기도 했습니다.

34-1: 큰 도는 두루 미치기 때문에, 그가 지배할 수 있다. 만물은 그에 의지하여 발생하지만 아무 말도 하지 않고, 공을 이루지만 있다고 일컫지 않는다. 만물을 기르지만 스스로 주재한다고 여기지 않고, 늘 욕망이 없으니, 보잘것없다고 할 수 있다. 만물이 따르지만 스스로 주재자가 되지 않으니 위대하다고 할 수 있다.

大道氾兮, 其可左右. 萬物恃之而生而不辭, 功成不名有. 衣養萬物而不為主, 常無欲, 可名於小. 萬物歸焉而不為主, 可名為大.

노자는 여기서도 자신이 설명하는 도가 큰 도라고 말하여, 그것이 대동 사회를 이끈 성인들의 천도 즉 하늘의 도임을 다시 확인시키고 있습니다. 이제 이 말을 풀이하면 다음과 같습니다. "대동 사회의 통치 이념인 큰 도는 모든 만물에 두루 미치기 때문에 세상 모든 것들을 다스릴 수 있다. 세상 만물이 도에 기대어 따르지만 도는 그들에게 명령하지 않고, 천성에 따라 다스림으로써 공을 이루지만 그것이 자기의 공로라고 여기지 않는다. 세상 만물을 이끌기는 하지만 천성에 따르는 것일 뿐이기에 자신이 이끈다고 생각하지 않고, 오직 삼가고 노력하여 다른 사리사욕을 추구하지 않기 때문에 어쩌면 하찮아 보일 수도 있다. 이처럼 세상 모두가 도를 따르지만 도는 여전히 자기가 이끈다고 생각하지 않으니, 도야말로 진정 위대하다고 할 수 있다."

67-1: 세상은 모두 나의 도가 커서, 마치 비슷한 것이 없는 것 같다고 말한다.

天下皆謂我道大, 似不肖

세상 사람들은 노자가 외치는 대동의 리더십 즉 하늘의 도가 너무나 커다랗고 이상적이어서, 그와 비슷한 다른 개념이나 사물로 빗대어 설명할 수가 없다고 말합니다. 그렇다면 노자에게 있어서 '크다'라는 것은 어떤 의미를 지닐까요? 노자는 다음과 같이 설명합니다.

25-3: 나는 그 이름을 알지 못하는데 그것을 일컬어 도라고 하고, 그것에 억지로 이름을 붙이니 크다고 하는데, 크다는 것은 지나감을 일컫고, 지나감은 멀어짐을 일컬으며, 멀어짐은 반대로 됨을 일컫는다.

吾不知其名, 字之曰道, 強為之名曰大, 大曰逝, 逝曰遠, 遠曰反.

언뜻 보면 이 구절은 대단히 심오한 철학 이론을 함축하고 있는 듯합니다. 그런데 과연 그럴까요? 이제 이 말뜻을 그림으로 하나씩 풀어서 설명해봅시다.

1. 도는 대단히 큽니다.
2. 크다는 것은 작음의 기준을 지난다는 뜻을 지닙니다.
3. 작음의 기준을 지난다는 것은 작음의 기준에서 점점 멀어진다는 뜻이므로, 크다는 것은 작음의 기준선을 넘어서서 나아가 멀어지는 것입니다.

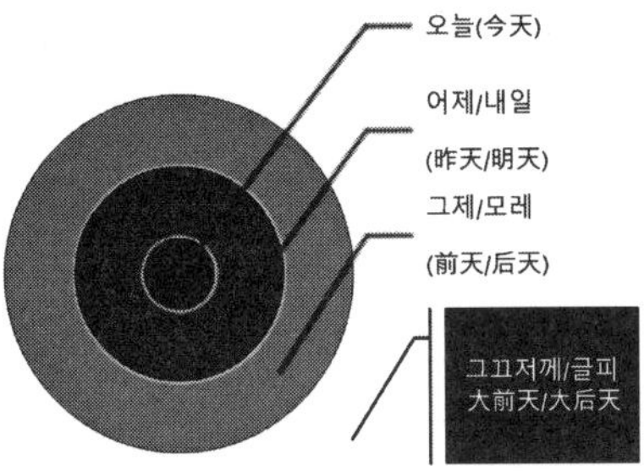

따라서 이제 중국어에서 왜 그끄저께를 大前天[dà qián tiān] 그리고 글피를 大后天[dà hòu tiān]이라고 하는지 이해할 수 있을 겁니다. 그 이유는 바로 오늘이라는 기준선에서 벗어나 어제나 내일 심지어 그제나 모레보다도 더 멀어진 날을 뜻하기 때문이죠.

4. 작음의 기준에서 멀어진다는 것은 반대로 큼의 기준에 그만큼 가까워진다는 뜻입니다. 예를 들어서 '도'는 지도자의 리더십인데, 지도자가 백성의 위에서 군림해야 한다는 것은 편협한 작은 관점입니다. 반면에 지도자가 백성의 아래에서 그들의 뜻에 귀를 기울여야 한다는 관점은 이러한 작은 범위를 넘어서서 점점 멀어지죠. 그리고 그렇게 작은 관점에서 벗어나 멀어질수록, 오히려 참된 큰 도의 관점에는 더 가까이 다가서게 되는 겁니다. 따라서 노자의 커다란 도에 대한 개념은, 심오한 철학 이론이 아닌 지극히 단순한 물리 이론을 동원해서 빗대어 설명한 수사(修辭)가 됨을 알 수 있습니다. 이제 왜 노자가 하늘의 도(天道)를 커다란 도(大道)라고도 불렀는지 이해할 수 있겠죠?

3. 무명(無名)의 무위자연(無爲自然)

그런데 노자는 하늘의 도(天道)를 설명할 때 커다란 도(大道) 외에, 또 무명(無名)이라는 표현을 쓰기도 했습니다. 무명(無名)을 설명하기 전에, 먼저 명(名) 즉 '이름'이 무엇인지부터 알아보죠.

32-4: 지도자가 통제하기 시작하면 이름이 있게 되고, 이름이 이미 있으면 무릇 멈출 줄 알아야 하니, 멈출 줄 알면 위태롭지 않게 된다.

始制有名, 名亦既有, 夫亦將知止, 知止可以不殆. -『도덕경(道德經)』

이처럼 명(名)은 바로 '통제를 위한 명분'이 됩니다. 따라서 노자는 이러한 통제의 명분을 자꾸 세분하여 강화하면 안 되고, 오로지 원칙에 따라야 한다고 말한 겁니다. 그렇다면 공자는 명(名)에 대해 뭐라고 말했을까요?

13-3: 자로가 말씀하셨다. "위나라 임금이 스승님께 정치를 맡기려고 하는데, 스승님께서는 무엇을 먼저 하시려고 합니까?" 공자가 말씀하셨다. "반드시 명분을 바로잡아야 한다." 자로가 말씀하셨다. "그렇군요. 하지만 스승께서는 옳지 않으십니다! 어찌 명분을 바로잡을 수 있겠습니까?" 공자가 말씀하셨다. "투박하구나, 자로야! 군자는 잘 모르는 일에는 마치 모자란 듯이 행동한다. 명분이 바로잡히지 않으면 말이 순리적이지 못하고, 말이 순리적이지 못하면 일이 성사될 수 없으며, 일이 성사되지 못하면 곧 예악이 무너져서 흥성하지 못하고, 예악이 무너져서 흥성하지 못하면 형벌이 타당하지 못하게 되어 권위가 무너지며, 형벌이 타당하지 못하여 권위가 무너지면 백성들이 어찌할 바를 몰라서 맘대로 날뛰게 된다. 그러므로 군자는 명분을 바로잡고, 그 명분을 근거로 말과 명령을 하여 일을 성사시킨다. 참된 지도자인 군자는 자기가 한 말을 이리저리 꾸며대지 않는다."

子路曰: "衛君待子而爲政, 子將奚先?" 子曰: "必也正名乎!" 子路曰: "有是哉, 子之迂也! 奚其正?" 子曰: "野哉, 由也! 君子於其所不知, 蓋闕如也. 名不正, 則言不順; 言不順, 則事不成; 事不成, 則禮樂不興; 禮樂不興, 則刑罰不中; 刑罰不中, 則民無所措手足. 故君子, 名之必可言也, 言之必可行也. 君子於其言, 無所苟而已矣!"

– 『논어』「자로(子路)」

통제를 위해서는 그에 걸맞은 명분이 있어야 합니다. 즉 명분은 뒤에서 구체적으로 설명할 '도'의 내용이 되죠. 따라서 공자는 정치를 하기 위해서는 누구나 공감하고 따를 수 있는 명분인 '도'의 내용이 바로 서야 한다고 전제하는 겁니다.

명분이 바로잡히지 않으면, 말과 명령에 그 근거가 없어지므로 설득력을 잃게 됩니다. 예를 들어서 수업 시간에 지속적으로 떠드는 학우를 퇴장시키는 건, 양질의 수업 내용을 제공하기 위해서이기 때문에 명분이 섭니다. 하지만 한 학우가 너무 잘생겨서 수업에 방해가 된다고 그를 퇴장시키면 어떨까요? 이는 어떤 상황에서도 명분이 서지 않으므로, 다른 학우들을 설득시킬 수 있는 공감대를 잃게 되죠. 그렇게 되면 학우들은 웅성거릴 것이고, 결국 수업 분위기만 오히려 더 엉망이 될 겁니다. 설득력을 잃게 되면, 일을 성사시킬 수 없습니다. 아무리 교수자가 애를 써 봐도, 이미 웅성거리는 교실 분위기를 어쩔 수는 없듯이 말입니다.

이처럼 '도'의 내용이 무너져서 일을 성사시킬 수 없으면, 당연히 '도'의 외형적 형식인 예악(禮樂) 역시 바로 서지 못합니다. 학급 대표가 인사를 시켜도 학생들은 교수자를 신뢰하지 않으므로 하는 둥 마는 둥 하고, 교수자가 으름장을 놓아도 당장 그 자리에서만 따르는 시늉을 할 뿐입니다. 형벌의 권위가 무너지고 마는 거죠. 그렇게 되면 이제 학생들은 맘대로 날뛰게 되는 겁니다.

그렇다면 뒤늦게나마 이 일을 어떻게 수습할 수 있을까요? 교수자가 진심으로 자신의 잘못을 인정하고, 이 일을 해결하기 위해 어떤 책임도 지겠다는 모습을 보여야겠죠. 이리저리 말만 꾸며대면서 애써 책임을 회피하려고 하는 모습은 그저 상황을 더 악화시킬 뿐입니다.

이처럼 공자에게 있어서도 명(名)은 노자와 마찬가지로 '통제를 위한 명분'이 됨을 알 수 있습니다. 다만 노자는 원칙주의자로서 통제의 명분을 세분하여 강화하는 것에 반대하고 있는 반면, 공자는 통제의 명분을 세분하여 강화하는 것에 대해서 찬성하고 있죠. 이를 노자와 공자의 발언으로 정리하면 다음과 같습니다.

18-1: 큰 도가 폐기되면, 어짊과 의로움이 출현한다.

大道廢, 有仁義. - 『도덕경』

먼저 노자는 대동 사회의 리더십인 커다란 도(大道)가 사라져야 비로소 소강 사회의 특징인 어짊의 인(仁)과 의로움의 의(義)를 강조하게 된다고 말합니다. 여기서 우리는 두 가지 사실을 유추해낼 수 있는데요. 1) 노자가 강조하는 대동 사회의 큰 도는 어짊의 인(仁)과 의로움의 의(義)를 포함하지 않는다는 겁니다. 2) 어짊의 인(仁)과 의로움의 의(義)를 강조한 공자가 추구한 도는 애써 바로잡으려고 노력한 소강 사회 사람의 도(人道)이죠. 즉 공자의 목표는 대동으로의 복귀가 아닌, 소강의 회복에 있었습니다. 그렇다면 노자는 왜 어짊의 인(仁)과 의로움의 의(義)가 하늘의 도가 아니라고 한 걸까요?

18-3: 가정이 화목하지 않으면, 효도와 자애로움이 생겨난다.

六親不和, 有孝慈. -『도덕경』

19-2: 지도자가 어짊을 단절하고 의로움을 버리면, 백성들이 효도와 자애로움으로 돌아간다.

絶仁棄義, 民復孝慈. -『도덕경』

가정이 화목(和)하면, 아랫사람에게 요구되는 효(孝)와 윗사람에게 요구되는 자애로움의 자(慈)라는 개념은 존재하지 않습니다. 가정에 불화(不和)가 생겨야 비로소 윗사람의 도리(慈)와 아랫사람의 도리(孝)로 세분하여 사람들에게 요구하게 되죠. 따라서 노자는 세분하여 강화된 개념인 어짊과 의로움(仁義)을 버리고 그보다 근본이 되는 효도와 자애로

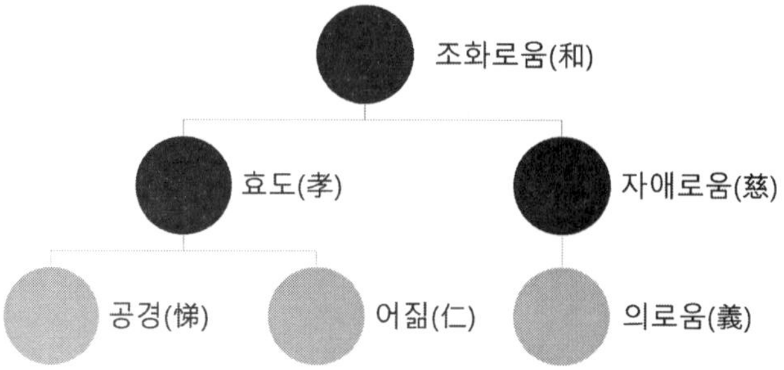

움(孝慈)으로 돌아가야 한다고 말합니다. 하지만 효도와 자애로움(孝慈) 역시 근본이 되는 조화로움(和)에서 파생된 것입니다. 따라서 궁극적으로는 효도와 자애로움(孝慈)을 버리고 그보다 더 근본이 되는 조화로움(和)으로 돌아가야 한다고 강조한 거죠. 공자 역시 이러한 세분화의 과정에 대해서 언급한 바 있습니다.

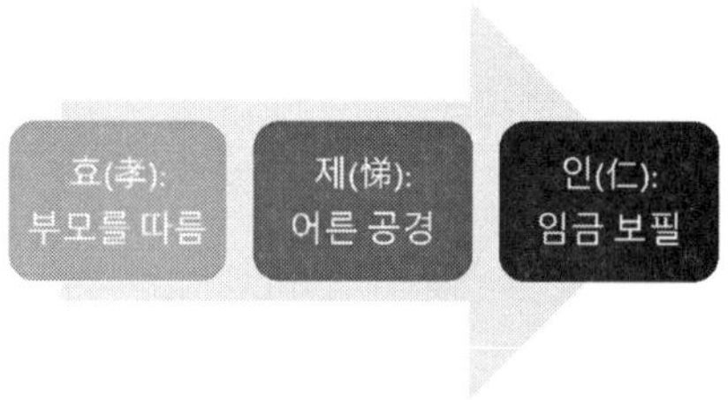

1-2: 유자가 말씀하셨다. "집 안에서 부모에게 효도(孝)하고 집 밖에서 윗사람을 공경(悌)하는데도, 사회에 나아가 자신의 상관이나 임금의 뜻을 거스르는 사람은 드물다. 자신의 상관이나 임금의 뜻을 거스르지 않으면서, 상관이나 임금을 배신하여 반란을 일으키는 자는 존재하지 않는다. 따라서 군자는 근본이 되는 효도와 공경함에 힘쓰는데, 그 이유는 근본인 효도와 공경함이 확립되어야 비로소 어짊(仁)이 완성되기 때문이다. 즉 어짊(仁)은 상관과 임금을 진심으로 섬기고

따르는 것인데, 그 기본이 되는 부모에 효도하고 윗사람을 공경함을 실천한 후에야 최종 완성되는 것이다."

有子曰: "其爲人也, 孝弟而好犯上者, 鮮矣. 不好犯上而好作亂者, 未之有也. 君子務本, 本立而道生. 孝弟也者, 其爲仁之本與."

- 『논어』「학이(學而)」

공자가 말씀하셨다. "효도로 임금을 섬기고, 공경함으로 어른을 섬기는 것이다. 지도자가 이렇게 하는 것은 백성에게 자신이 윗사람의 뜻을 어기지 않는 모습을 보임으로써, 백성 역시 자기를 따르게 하기 위함이다."

子云: "孝以事君, 弟以事長. 示民不貳也." - 『예기』「방기(坊記)」

따라서 노자는 세분하여 강화하지 않고 근본 원칙을 따르는 무명(無名)을 강조했지만, 공자는 혼란스러운 세상을 극복하기 위해서 부득이하게 근본 원칙을 세분하고 강화하여 통제하는 유명(有明)을 중시했었던 겁니다. 그러므로 노자는 또 다음과 같이 말합니다.

1-2: 무명 즉 이름이 없는 것은 세상의 시작이고, 유명 즉 이름이 있는 것은 만물의 어머니이다.

無名, 天地之始; 有名, 萬物之母. - 『도덕경』

법과 제도를 세분해서 강화하지 않고 원칙만으로 다스린 것은 이 세상의 시작과 더불어 존재한 대동 사회이고, 오늘날의 법과 제도처럼 제 몇 조 몇 항으로 나눠서 강화한 것은 원칙을 수많은 것으로 세분해서 통제한 소강 사회의 모태가 됩니다.

이 말뜻이 무엇인지 예시를 들어서 설명해보겠습니다. 최근 드론 문제가 또다시 세간의 화제가 된 적이 있습니다. 특히나 드론으로 인한 피해자들은 하나같이 관련 법률을 제정해달라고 끊임없이 요구하고 있는데요. 그 이유는 현재 드론 관련 법이 없어서 정부나 경찰 측이 가해자를 처벌할 근거가 없기 때문이라는 거죠. 그렇다면 정말로 드론 관련 법 제정이 필요할까요?

한번 생각해봐요. 누구나 예상할 수 있듯이, 뛰어난 과학기술을 바탕으로 하는 새로운 발명품이나 개념들이 앞으로 물밀듯 쏟아져나올 겁니다. 그렇다면 드론 외에도 새로운 발명품이나 개념으로 인한 피해자들이 앞으로 계속 생겨날 텐데, 우리는 그때마다 매번 새로운 법률을 만들어야 할까요? 게다가 관련 법률이 만들어지기 전까지는, 또 누가 피해자에게 배상을 해줄 수 있을까요? 만약 계속 이런 식으로 간다면, 결국 피해자만 있고 가해자는 없는 상황에 직면할 수밖에 없습니다. 더군다나 계속 새로 만들어지는 법률들끼리 서로 충돌해서, 처벌할 수도 없고 그렇다고 안 할 수도 없는 모순에 빠질 수도 있겠죠.

그렇다면 드론 문제는 어떻게 해결할 수 있을까요? 정답은 의외로 간단하답니다. 바로 노자가 말한 것처럼, 기존의 법률 즉 원칙만으로도 해결이 가능하단 건데요. 좀 더 구체적으로 말해서 만약 드론이 타인의 사유지를 무단으로 침입했다면, 법원은 조종사에게 침범죄를 판결하면 될 겁니다. 또 드론이 타인을 다치게 했다면, 법원은 조종사에게 상해죄를 적용하면 되는 거죠.

이처럼 하늘의 도(天道)는 하늘이 내려준 기본 원칙에 충실하지, 억지로 작위하여 통제하지 않습니다. 나아가 지도자가 아래에 처하여 백성을 공경하기 때문에, 편협하고 작은 관점에서 벗어나 멀어지는 큰 도(大道)라고도 불리죠. 그리고 통제의 명분이 되는 법과 제도를 세분하여 강화하지 않으므로, 무명(無名)이라고도 불립니다.

그런데 노자는 무명(無名)을 무위(無爲)라는 표현으로 확장하여 설명하기도 합니다.

10-6: 세상을 이해하는 데 있어서, 억지로 작위함이 없을 수 있겠는가?

明白四達, 能無爲乎? -『도덕경』

53-1: 나로 하여 변하지 않는 앎이 있게 한다면, 큰길을 걸음에 있어서 억지로 가함을 두려워할 뿐이다.

使我介然有知, 行於大道, 唯施是畏.

64-4: 이 때문에 성인은 작위 하지 않으므로 실패함이 없고, 집착하지 않으므로 잃지 않는다.

是以聖人無為, 故無敗; 無執, 故無失. -『도덕경』

그렇다면 무위(無爲)와 정면으로 대치되는, 이른바 '억지로 작위함(有爲)'이란 구체적으로 무엇을 뜻하는 걸까요? 노자는 다음과 같은 수사(修辭)로 설명합니다.

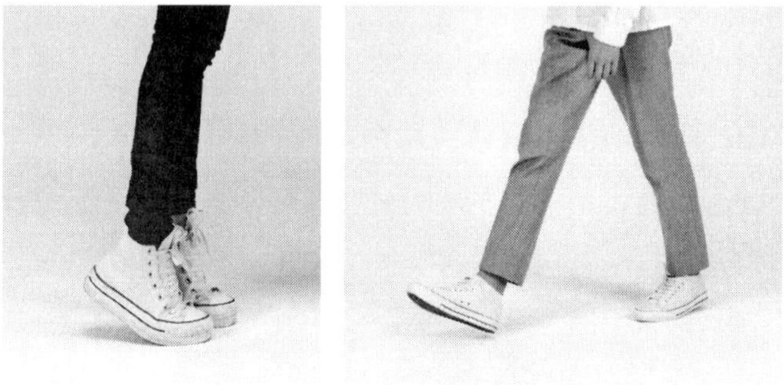

24-1: 까치발을 한 자는 똑바로 설 수 없고, 보폭을 크게 하여 걷는 자는 오래 걸을 수 없다.

企者不立, 跨者不行. -『도덕경』

바로 여기서 자연(自然)의 의미가 드러나는데, 이는 '스스로 자(自)'와 '그러할 연(然)'이 합쳐져 스스로 그러함, 즉 천성(天性)에 따른다는 뜻이 되는 겁니다. 까치발을 하고 서 있으면 결국 자연스럽게 서 있는 상태가 아니므로 오래 서 있을 수 없고, 자신의 타고난 보폭보다 더 크게 하여 걷는 사람은 결국 자연스럽게 걷는 상태가 아니므로 오래 걸을 수 없다는 거죠.

노자는 또 다음과 같은 수사(修辭)로써 '억지로 작위함(有爲)'을 설명하기도 했습니다.

27-2: 계산을 잘하는 이는 산가지를 쓰지 않고, 문을 잘 닫는 이는 빗장이 없어도 열 수 없도록 하며, 매듭을 잘 짓는 이는 밧줄이 없어도 풀 수 없도록 한다.

善數不用籌策, 善閉無關楗而不可開, 善結無繩約而不可解. -『도덕경』

산가지(왼쪽) 사진 출처: 국립민속박물관 홈페이지

산가지는 나뭇가지로 만든 큰 수를 세기 위한 도구이고, 빗장은 문을 잠그는 도구이며, 밧줄은 묶어서 도망가지 못하게 하는 도구이므로, 모두 억지로 작위하는 것이 됩니다. 따라서 노자는 말합니다. 대동사회를 이끈 성인들은 신중하게 덕치로 나라를 다스렸기 때문에 백성을 억압하는 법과 제도들을 새로이 만들지 않았고, 재물을 탐하지 않고 베풀었기 때문에 백성 역시 사리사욕이 없어져 굳이 남의 집 문을 열고자 하지 않았으며, 누구 하나 버리지 않고 조화롭게 단결했기 때문에 백성을 밧줄로 묶어 잡아두지 않아도 굳이 다른 곳으로 가려 하지 않았다고요. 즉 억지로 작위하지 않는 것이 바로 무위(無爲)이므로, 결국 '무위'와 스스로 그러도록 천성에 따르는 '자연(自然)'은 사실상 같은 의미를 지니게 되는 겁니다.

이어서 노자는 이제 '억지로 작위함(有爲)'이 어떤 것인지 구체적으로 설명합니다.

57-6: 법령이 현저하게 증가하면, 도적들이 많아진다.

法令滋彰, 盜賊多有. -『도덕경』

58-1: 지도자가 그 다스림에 어둡고 답답하면 그 백성들은 조용히 흘러가지만, 그 다스림에 밝고 자세하면 그 백성들은 불완전해진다.

其政悶悶, 其民淳淳, 其政察察, 其民缺缺. -『도덕경』

특히 58-1은 앞서 설명한 바 있는 그물코 간격이 촘촘하지 않은 성긴 어망에 대한 구체적인 설명이라고도 볼 수 있습니다. 따라서 노자가 말한 '억지로 작위함(有爲)'은 지도자가 법과 제도를 세분하고 강화하여 억지로 통제하려 드는 것이고, 그렇게 되면 백성이 불만을 품게 되어서 지도자에게 등을 돌리게 된다는 겁니다.

노자와 똑같은 취지로, 공자 역시 법을 세분하여 강화해선 안 된다고 강조했었죠.

2-3: 공자가 말씀하셨다. "형벌을 강화하여 통제하려 하면, 백성들은 어떡하든 형벌을 피하려고만 들지, 정작 자신들의 잘못에 부끄러움을 느끼지 않는다. 반면에 지도자가 자기에게 엄격하고 타인에게는 관대한 '덕'으로 다스리고 또 조화로움(和)을 위해서 절제하고 통제하는 예(禮)로 다스리면, 백성들이 비로소 부끄럼이 무엇인지를 깨닫고 나아가 스스로 절제하여 자기를 바로잡게 된다."

子曰: "道之以政, 齊之以刑, 民免而無恥. 道之以德, 齊之以禮, 有恥且格." -『논어』「위정(爲政)」

12-19: 계강자가 공자에게 정치에 대해 물었다. "만일 무도한 사람을 죽여서 나라에 도가 있도록 하면 어떻겠소?" 공자가 대답하셨다. "그대는 정치를 함에, 어찌 죽임을 사용하십니까? 그대가 선을 행하고자 하면 백성이 선을 행할 것입니다. 지도자인 군자의 덕은 바람이고, 피지배계급인 소인의 덕은 풀입니다. 풀 위에 바람이 불면, 풀은 반드시 바람이 부는 방향으로 쓰러지는 법입니다."

季康子問政於孔子曰: "如殺無道, 以就有道, 何如?" 孔子對曰: "子爲政, 焉用殺? 子欲善而民善矣. 君子之德, 風; 小人之德, 草. 草上之風必偃."

- 『논어』「안연(顔淵)」

계강자가 공포정치를 통해 나라를 다스리려고 하자, 공자는 지도자가 먼저 올바른 길을 걸으면 백성들은 자연스레 지도자를 믿고 따르게 된다고 말합니다. 지도자가 바람이라면, 백성들은 그 바람이 부는 방향에 따라 꺾이는 풀인 거죠. 따라서 공자는 여기서 지도자와 백성의 관계를 바람과 풀로 빗대어 설명하는 수사(修辭)를 사용하여 설명했음을 알 수 있습니다.

따라서 노자와 공자는 이구동성으로 지도자의 솔선수범(率先垂範) 즉 사회지도층에게 요구되는 높은 도덕적 의무인 '노블레스 오블리주(noblesse oblige)'를 요구하고 있음을 알 수 있습니다.

그런데 노자는 무위(無爲)에 대해서, 또 다음과 같이 설명하고 있습니다.

37-1: 도는 항상 행하는 바가 없으나 행하지 않는 바도 없으니, 한 나라의 왕이 만약 이를 지킬 수 있다면, 만물이 장차 스스로 변화할 것이다.

道常無為而無不為, 侯王若能守之, 萬物將自化. -『도덕경』

'도'는 한 나라의 지도자가 행해야 할 것이므로, 이 구절을 통해서도 '도'가 정치와 직결된 리더십이 됨을 확인할 수 있습니다.

48-1: 배움에 종사하면 날로 늘어나고, 도에 종사하면 날로 줄어든다. 줄어들고 또 줄어들어서 무위에까지 도달하는데, 무위하지만 행하지 않은 것이 없다. 세상을 다스림에 늘 일을 만들면 안 되니, 일을 만들게 되면 세상을 다스리기에 부족하다.

為學日益, 為道日損. 損之又損, 以至於無為, 無為而無不為. 取天下常以無事, 及其有事, 不足以取天下. -『도덕경』

위의 두 구절 통해서, 무위(無爲)라는 것이 아무런 행동도 하지 않는다는 뜻이 아님을 확인할 수 있습니다. 그렇다면 '무위'란 무엇일까요? 도대체 '무위'가 뭐길래, 행하는 바가 없으나 행하지 않은 것도 없다고 말하는 걸까요?

앞에서 우화는 수사의 한 형태로서, 피상적인 개념을 이야기로 풀어냈다고 했죠. 이제 당송팔대가(唐宋八大家) 중 한 명인 유종원(柳宗元)의 「종수곽탁타전: 나무 심는 곱사등이 곽 씨 이야기(種樹郭橐駝傳)」를 통해서 '무위'의 참뜻을 이해해보죠.

곽탁타의 본래 이름이 무엇인지는 모른다. 그저 곱사병을 앓아 등이 솟아 구부리고 다녀서 탁타(橐駝) 즉 낙타와 비슷했기 때문에, 마을 사람들은 그를 탁타라고 불렀다. 탁타가 듣고는 "참으로 좋구나. 이름이 내게 꼭 맞는다."라고 하여, 본래 이름을 버리고 스스로 탁타라고 불렀다. 그 마을은 풍악이라고 불렸는데, 장안의 서쪽에 있었다. 탁타는 나무를 심는 것을 업으로 삼았는데, 무릇 장안의 세도가들과 부자들 그리고 감상하며 노니는 이들 및 과일을 파는 이들이 모두 다투어 타를 맞이하여 나무를 키우게 했다. 탁타가 심은 나무들은 옮겨 심더라도 살지 않는 것이 없었고, 무성하고 튼실한 과실들이 일찍 열렸다. 하지만 다른 나무 심는 이들이 타를 엿보고 모방해도 같게 할 수는 없었다. 하루는 어떤 이가 물으니, 탁타가 대답했다. "저는 나무를 오래 살게 하고 우거지게 할 수 있는 것이 아니라, 나무의 천성을 능히 따름으로써 그 본성을 다하게 할 따름입니다. 무릇 나무의 본성은 그 뿌리가 펴기를 바라고, 그 흙을 돋움은 고르기를 바라며, 그 흙은 본래의 것이기를 바라고, 흙을 다짐은 촘촘하기를 바라는 것이지요. 이미 그렇게 했으면 건드려서는 안 되고, 걱정해서도 안 되며, 떠나면 다시 돌아보지 말아야 합니다. 심을 때는 자식 같이 하지만, 내버려둘 때는 버린 듯이 하면, 곧 그 천성이 온전해져서 그 본성을 얻게 되는 것이지요. 따라서 나는 그 성장을 해치지 않을 뿐, 크고 무성하게 할 수 있는 것은 아닙니다. 그 열매 맺음을 억누르고 없애지 않을 뿐, 일찍 번성하게 할 수 있는 것은 아닙니다. 반면에 다른 나무 심는 이들

은 그렇지 않으니, 뿌리를 구부리고 흙을 바꿉니다. 그 흙을 돋움은 너무 지나치거나, 아예 미치지 못합니다. 모두 저와는 정반대로 하고 있으니, 나무를 사랑함이 지나치게 두텁고, 또 걱정함이 지나치게 부지런합니다. 아침에 보고 저녁에 어루만지며 이미 떠났으나 다시 돌아와서 돌보는데, 지나친 이들은 그 껍질을 긁어서 나무가 싱싱한지 시들었는지 검사해 보고, 그 뿌리를 흔들어서 심어진 상태가 성긴지 촘촘한지 살펴보니, 결국 나무의 본성이 점차 흩어지게 됩니다. 비록 사랑한다고 말하지만 사실은 해치는 것이요, 비록 걱정한다 말하지만 사실은 그것을 죽이는 것이지요. 따라서 저와 같게 할 수 없으니, 제가 또 무엇을 어찌할 수 있겠습니까?" 그러자 그가 다시 물었다. "그대의 도를 관청의 다스림으로 바꾸는 것이 가능하겠습니까?" 이에 탁타가 대답했다. "저는 나무 심는 것을 알 따름이지, 관청의 다스림은 저의 본업이 아닙니다. 그런데 제가 이 고을에 살면서 관청의 수장(원님)을 보아하니 명령을 성가시게 하기를 좋아하던데, 이는 백성을 심히 어여삐 여기는 듯하지만 결국에는 화를 입히게 됩니다. 아침저녁으로 관리가 와서, 소리쳐 말합니다. '관청에서 너희들의 경작을 재촉하고, 너희들의 번식을 권면하며, 너희들의 수확을 감독하고, 서둘러서 우선 누에고치를 켜며, 서둘러서 실로 옷감을 짜고, 어린이들을 양육하며, 닭과 돼지를 키우도록 명령하셨다!' 그러고는 북을 울려 백성을 모으고, 목제 악기를 두드려 백성을 소집합니다. 우리 서민들은 저녁밥과 아침밥을 지어서 관리들을 위로하느라 정작 본업에 신경 쓸 겨를이 없으니, 어찌 우리 삶을 번성케 하고 본성을 편하게 할 수 있겠습니까? 그러므로 병들고 게을러집니다. 이와 같으니, 곧 저의 본업과도 비슷한 점이 있지 않을까요?" 그러자 묻는 이가 기뻐하며 말했다. "훌륭하지 않은가! 나는 나무 키우는 것을 물었는데, 이제 사람 돌보는 방법을 얻었다. 이 일을 전하여, 관청의 훈계로 삼겠습니다!"

郭橐駝, 不知始何名. 病僂, 隆然伏行, 有類橐駝者, 故鄉人號之駝. 駝聞之, 曰: "甚善. 名我固當." 因捨其名, 亦自謂橐駝雲. 其鄉曰豊樂鄉, 在長安西. 駝業種樹, 凡長安豪富人爲觀游及賣果者, 皆争迎取養. 視駝所種樹, 或移徙, 無不活; 且碩茂, 蚤實以蕃. 他植者雖窺伺效慕, 莫能如也. 有問之, 對曰: "橐駝非能使木壽且孳也, 以能順木之天, 以致其性焉爾. 凡植木之性, 其本欲舒, 其培欲平, 其土欲故, 其筑欲密. 既然已, 勿動勿慮, 去不復顧. 其蒔也若子, 其置也若棄, 則其天者全, 而其性得矣. 故吾不害其長而已, 非有能碩而茂之也. 不抑耗其實而已, 非有能蚤而蕃之也. 他植者則不然: 根拳而土易. 其培之也, 若不過焉則不及. 苟有能反是者, 則又愛之太殷, 憂之太勤. 旦視而暮撫, 已去而復顧; 甚者爪其膚以驗其生枯, 搖其本以觀其疏密, 而木之性日以離矣. 雖曰愛之, 其實害之; 雖曰憂之, 其實仇之, 故不我若也, 吾又何能爲哉?" 問者曰: "以子之道, 移之官理, 可乎?" 駝曰: "我知種樹而已, 官理非吾業也. 然吾居鄉, 見長人者, 好煩其令, 若甚憐焉, 而卒以禍. 旦暮, 吏來而呼曰: '官命促爾耕, 勖爾植, 督爾獲, 蚤繅而緖, 蚤織而縷, 字而幼孩, 遂而鷄豚!' 鳴鼓而聚之, 擊木而召之. 吾小人輟飧饔以勞吏, 且不得暇, 又何以蕃吾生而安吾性耶? 故病且殆. 若是, 則與吾業者, 其亦有類乎?" 問者嘻曰: "不亦善夫! 吾問養樹, 得養人術. 傳其事以爲官戒也."

따라서 "행한 바도 없지만, 행하지 않은 바도 없음"이란 "심을 때는 자식 같이 하지만, 내버려 둘 때는 버린 듯이 하는 경지"를 뜻하고, 이것이 '무위'의 참뜻이 됩니다. 그래서 노자는 다음과 같이 말하기도 했습니다.

5-1: 세상은 어질지 않아서 만물을 추구로 여기고, 성인은 어질지 않아서 백성을 추구로 여긴다.

天地不仁, 以萬物為芻狗; 聖人不仁, 以百姓為芻狗. -『도덕경』

추구(芻狗)는 제사에 쓰기 위해 짚으로 만든 개인데, 제사가 끝나면 버립니다. 소용이 있을 때는 사용되다가 소용이 없어지면 버려지는 물건 또는 천한 물건에 비유되므로, 이 구절을 풀이하면 다음과 같죠. "세상은 대대로 내려오는 도리를 따르지 않아서 만물을 버리고, 성인은 대대로 내려오는 도리를 따르지 않아서 백성을 버린다."

그런데 이렇게 해석하면, 지금껏 설명해온 대동 사회의 지도자인 성인의 태도라고 하기엔 뭔가 이상합니다. 더군다나 지도자가 백성을 더는 필요가 없어진 물건 버리듯 대해야 한다고까지 말하고 있으니까요. 즉 노자는 지금 여기서 미시적 관점의 수사를 쓰고 있는 겁니다. 버리듯 대한다는 것은 정말로 버리는 것이 아니라, 그만큼 신경 쓰지 않는다는 반어법의 수사 기교로 풀이해야 하죠. 정말로 새를 사랑한다면, 새장에 가두지 말고 훨훨 날도록 놓아줘야 한다고 했던가요? 바로 그런 도리와 마찬가지입니다.

그러므로 이 구절은 “세상은 남들보다 앞서서 덕을 쌓기 때문에, 만물에 집착하지 않고 그들이 자연스레 생겨나고 사라지도록 그 천성을 따랐다. 대동 사회의 지도자들은 남들보다 앞서서 덕을 쌓았기 때문에, 백성들에게 집착하지 않고 그들이 자연스레 생겨나고 사라지도록 그 천성을 따랐다.”라는 의미가 되므로, 억지로 작위하지 않는 무위를 말하고 있는 겁니다.

특히 「종수곽탁타전」의 “관청의 수장(원님)을 보아하니 명령을 성가시게 하기를 좋아하던데”라는 표현은 ‘지도자가 함부로 자신을 드러낸다.’ 즉 지도자가 자꾸 자신의 존재감을 드러내려 든다는 뜻으로, 이 역시 ‘무위’에 어긋나는 태도죠. 그래서 노자는 또 다음과 같이 말했던 겁니다.

> 36-3: 물고기는 깊은 물을 벗어나면 안 되고, 나라의 이로운 그릇은 남에게 보이면 안 된다.
>
> 魚不可脫於淵, 國之利器不可以示人. -『도덕경』

> 내가 들으니, 훌륭한 장사꾼은 깊숙이 숨겨 마치 비어있는 듯하고, 군자는 덕이 가득 차면 용모가 우매한 것처럼 보인다고 하오.
>
> 吾聞之, 良賈深藏若虛, 君子盛德、容貌若愚.
>
> -『사기』「노자한비열전(老子韓非列傳)」

이처럼 노자는 굳이 잘 다스리려고 억지로 작위하여 통제하려 들지 말고, 백성 스스로 천성에 따라 살아가게끔 하는 것이야말로 진정한 '무위'라고 반복 설명합니다. 그러면서 다음과 같이 말하기도 했죠.

43-4: 불언의 가르침, 무위의 이로움, 세상에는 이에 미치는 게 드물다.

不言之教, 無為之益, 天下希及之. -『도덕경』

지도자의 역할은 말과 명령을 함부로 하지 않고, 백성 스스로 천성에 따라 살아갈 수 있도록 환경을 조성해주는 겁니다. 그러면서 노자는 이 자체가 자연(自然)이라고 말하죠.

23-1: 지도자가 말을 드물게 하는 것이 스스로 그러하게 하는 자연이니, 그러므로 광풍은 아침까지 불 수 없고, 폭우는 온종일 내릴 수 없다.

希言自然, 故飄風不終朝, 驟雨不終日. -『도덕경』

지도자가 말과 명령을 함부로 하지 않는 것이, 바로 하늘이 부여한 '스스로 그러함' 즉 자연(自然)입니다. 광풍이나 폭우 같은 '자연'의 난폭함조차도 계속될 수 없는데, 하물며 사람이 만든 법과 제도로 누르면 오래갈 수 있을까요? 억지로 누르면 일시적으로 작용할 뿐, 계속될 수는 없습니다. 이에 노자는 지도자의 말과 명령을 광풍과 폭우에 빗대어 설명하는 '수사'를 통해서, 진정한 리더십이 무엇인지를 설명했습니다.

그러므로 무위(無爲)는 자연(自然)과 같은 개념이 됩니다. '무위'란 억지로 작위하여 명령하거나 통제하지 않는다는 뜻이고, '자연'이란 천성에 따라서 스스로 그러하게 하라는 뜻이니 결국 이 두 단어는 동일한 내용을 말하고 있는 것이죠.

우리는 '산', '바다', '강' 등을 '자연'이라고 부릅니다. 그 이유는 다름 아닌 '스스로 자(自)'와 '그러할 연(然)'이 합쳐져서 스스로 그러하다는 의미를 지니기 때문이죠. 즉 우리가 산이나 바다 등을 '자연'이라고 부르는 이유는 바로 사람이 만들어낸 인공(人工)이 아닌, 사람이 존

재하기 이전에 이미 스스로(自) 그렇게(然) 이뤄진 것들이기 때문입니다. 이제 왜 노자의 핵심이 '무위자연(無爲自然)'이 되는지 이해할 수 있겠죠?

그리고 이제 다음 구절을 보면, '무위자연(無爲自然)'이 바로 지도자가 '하늘의 도(天道)'에 따라서 세상을 다스린 최종 결과물이 됨을 알 수 있습니다.

> 25-6: 사람은 땅을 본받고, 땅은 하늘을 본받으며, 하늘은 도를 본받고, 도는 스스로 그러함을 본받는다.
>
> **人法地, 地法天, 天法道, 道法自然.** - 『도덕경』

즉 지도자가 성인의 가르침인 '하늘의 도(道)'로 세상을 다스리면, 결국 법과 제도를 세분하고 강화하여 통제할 필요가 없는 궁극의 이상향인 '대동(大同)' 사회에 도달할 수 있다는 거죠.

4. 도(道)는 형이상학적 개념의 추상명사

노자는 '도'에 대해서 또 다음과 같이 묘사합니다.

1-1: 도라는 것은 말로 표현할 수 있으면, 변치 않고 영원한 도가 아니다.

道, 可道, 非常道. -『도덕경』

우리가 알고 있는 상식을 이용해서 지도자의 통치 이념인 '도'를 말로 설명할 수 있다면, 그것은 변치 않고 영원한 진리로서의 '도'가 될 수 없습니다. 즉 노자는 '도'라는 것이 언어로 명확하게 묘사될 수 없다고 말하고 있죠. 여기서 도를 이해할 수 있는 또 하나 중요한 단서가 나오는데, 그건 바로 도는 형이상학의 추상명사라는 점입니다. 그래서 노자는 이제 좀 더 구체적으로 다음과 같이 설명합니다.

14-1: 도는 보아도 볼 수 없으니 끝없이 평탄하다고 이름하고, 들어도 들을 수 없으니 희미하다고 이름하며, 잡아도 가질 수 없으니 미세하다고 이름한다.

視之不見名曰夷, 聽之不聞名曰希, 搏之不得名曰微. -『도덕경』

흔히 물결이 잔잔하여 평탄하고도 끊임없이 이어져 있는 바다를 망망대해라고 합니다. 노자는 도의 평탄함을 설명하면서 어쩌면 끝없이 아득하게 펼쳐진 망망대해를 떠올렸을지도 모릅니다. 만약 그렇다면 망망대해는 이제 도의 메타포가 되겠죠. 또 사람의 청력은 20,000hz까지는 청음이 가능하지만, 그 이상 음역대의 소리는 들을 수 없습니다. 이처럼 도는 들으려고 귀를 기울여도 들을 수 없는데, 내용이 워낙 고차원적이라서 알 듯 말 듯 정확하게 이해하기 힘들기 때문이죠. 그리고 잡아도 가질 수 없다는 구절을 통해서, 노자는 도가 물질명사가 아닌 형이상학적 추상명사임을 다시 한번 강조하고 있습니다. 그래서 이처럼 말하기도 했죠.

14-5: 앞에서 도를 맞이해도 그 앞부분이 보이지 않고, 뒤에서 도를 뒤따라도 그 뒷부분이 보이지 않는다.

迎之不見其首, 隨之不見其後. -『도덕경』

21-2: 도의 실제 내용은 모호하고도 명확하지 않다.

道之為物, 惟恍惟惚. 惚兮恍兮, 其中有象. -『도덕경』

하지만 노자는 또 말합니다. 비록 '도'가 모호하고 명확하지 않기는 해도, 분명 우리가 이해하고 실천할 수 있는 형태와 내용이 있다고 말입니다.

21-3: 모호하고도 명확하지 않으나, 그중에 형태가 있다.

惚兮恍兮, 其中有象.

21-4: 모호하고도 명확하지 않으나, 그중에 실제 내용이 있다.

恍兮惚兮, 其中有物. -『도덕경』

그렇다면 이처럼 모호하고도 구체적인 형체가 없는 형이상학적 개념의 추상명사인 '도'를, 과연 누가 깨달아서 몸소 실천한 걸까요?

5. 성인(聖人)과 군자(君子) 그리고 그릇(器)

성인(聖人)

노자는 『도덕경』에서 31차례에 걸쳐 성인(聖人)에 대해 언급했지만, 군자(君子)에 대해서는 31장에서 겨우 2차례에 걸쳐 말했을 뿐입니다. 더욱 흥미로운 것은 『논어』에서 '군자'에 대해 언급한 부분은 무려 107차례나 되지만, '성인'에 대해서 언급한 부분은 겨우 4차례에 불과하다는 점입니다. 따라서 이제 이 문제에 대해서 짚고 넘어갈 필요가 있는데, 우선 '성인'에 대해 언급한 다음의 『논어』 두 구절을 살펴보죠.

7-25: 공자가 말씀하셨다. "대동 사회를 이끌었던 성인은, 내가 만나볼 수 없구나. 소강 사회를 이끌었던 군자를 만나볼 수 있다면, 그것만으로도 좋겠다."

子曰: "聖人, 吾不得而見之矣. 得見君子者, 斯可矣."

- 『논어』 「술이(述而)」

19-12: 자하가 듣고 말씀하셨다. "아! 그렇게 말한 자유가 지나치다. 군자의 도에 어찌 먼저 전해야 할 게 있고, 뒤로 미뤄서 게을리해도 될 게 있겠는가? 그것을 풀과 나무에 비유하여 표현하자면, 사람 몸에 중요한 풀 나무와 그렇지 않은

것을 구분하여 나누는 것과 같다. 군자의 도를 어찌 왜곡할 수 있겠는가? 시작과 끝을 명쾌하게 나눠서 먼저 해야 할 것과 나중에 해야 할 것을 순서로 정할 수 있는 이는 오로지 성인일 뿐이겠지?"

子夏聞之曰: "噫! 言游過矣. 君子之道, 孰先傳焉, 孰後倦焉? 譬諸草木, 區以別矣. 君子之道, 焉可誣也? 有始有卒者, 其惟聖人乎?"

-『논어』「자장(子張)」

이처럼 성인과 군자는 같은 개념이 아닐 뿐 아니라, 나아가 둘 사이에는 일정한 위아래의 차이점이 있음을 알 수 있습니다. 이 차이점에 대해서, 공자는 다음과 같이 말한 바 있습니다.

16-9: 공자가 말씀하셨다. "태어나서부터 도를 아는 이는 상등이고, 나중에 배워서 도를 아는 이는 그다음이며, 곤란함이 닥쳐야 도를 배우는 이는 또 그다음이다. 곤란함을 겪는데도 도를 배우지 않으면, 백성들이 그를 하등으로 여긴다."

孔子曰: "生而知之者, 上也; 學而知之者, 次也; 困而學之, 又其次也. 困而不學, 民斯爲下矣!"

-『논어』「계씨(季氏))」

공자는 누구한테서도 배우지 않았지만 스스로 도(道)를 깨달아 실천한 이는 상등이고, 이러한 상등에 속하는 이들이 전해준 도(道)를 배워서 깨닫고 실천한 이는 그다음이라고 명확하게 설명하고 있습니다. 그렇다면 누구한테서도 배우지 않았지만 스스로 도(道)를 깨달아 실천한 이는 과연 누구일까요?

1단계: 도 탄생	2단계: 복희/여와씨	3단계: 인류 창조=세상 시작=대동	4단계: 소강

2단계에서 복희씨와 여와씨가 인류를 창조하면서 3단계의 세상이 시작되었고, 이때부터 대동 사회도 시작되었습니다. 인류 창조로 세상이 시작됨과 동시에, 대동 사회 역시 시작된 거죠. 그리고 복희씨와 여와씨는 대동 사회를 이끈 지도자였으므로, 성인(聖人) 중 하나가 됩니다. 그런데 성인은 대동 사회가 시작되면서 바로 '도'로 다스렸으므로, '도'는 복희씨와 여와씨를 포함한 성인이 존재하기 이전인 1단계부터 이미 존재한 것임을 알 수 있습니다. 하지만 1단계에서 '도'가 탄생한 이래로 2단계의 복희씨와 여와씨에게 '도'를 가르친 존재는 없었으므로, 결국 성인은 누구한테서도 배우지 않았지만 스스로 도(道)를 깨달아 실천한 상등의 존재가 되는 거죠.

성인은 '성스러울 성(聖)'과 '사람 인(人)'이 합쳐진 단어입니다. 따라서 성인은 말 그대로 성스러운 사람이라는 뜻인데요. 그렇다면 성스럽다는 건 어떤 의미일까요?

聖 耳 呈

'성스러울 성(聖)'은 '귀 이(耳)'에서 뜻이 오고 '드릴 정(呈)'에서 발음이 온 문자입니다. '귀 이(耳)'는 소리를 들어서 받아들인다는 뜻을 지닙니다. '드릴 정(呈)'은 아랫사람이 윗사람에게 바치는 것이므로, 이는 바로 보고한다는 것을 뜻합니다. 그러므로 성인(聖人)이란 신분상 아래에 있는 신하가 백성의 뜻을 모아 위에 보고하면, 그 말에 귀를 기울여서 새겨듣는 인물이라는 의미를 지니게 되는 겁니다.

그래서 노자는 다음과 같이 말하기도 했습니다.

49-1: 성인은 늘 의지가 없어서, 백성의 마음을 의지로 삼는다.

聖人常無心, 以百姓心為心. -『도덕경』

이처럼 지도자가 자기 생각이 옳다고 여기지 않고 백성의 뜻을 자기의 뜻으로 삼았으니, 나라를 다스림에 어떤 문제점이 생길 수 있었을까요?

71-3: 성인은 결점이 없는데, 그 결점을 결점으로 여기기에, 이 때문에 결점이 없다.

聖人不病, 以其病病, 是以不病. -『도덕경』

따라서 대동 사회를 이끈 지도자 성인은 어떤 결점도 없었는데 그 이유는 지도자가 얕은꾀를 썼을 때 백성도 얕은꾀를 쓴다는 사실을 알았기 때문입니다. 그래서 성인은 스스로 크게 부끄러워하여 부단히 고치려고 노력하였고, 그 결과 어떤 결점도 남기지 않을 수 있었던 거죠.

> 7-2 이 때문에 성인은 자기를 백성 뒤에 두지만 백성보다 앞서게 되고, 자기를 도외시하지만 자기를 보존할 수 있다.
>
> **是以聖人後其身而身先, 外其身而身存.** - 『도덕경』

이처럼 성인은 자기 생각이 옳다고 여기지 않고 백성의 뜻을 자기의 뜻으로 삼으며, 자기가 정치를 잘하고 있다고 여기지 않고 오히려 조그만 잘못이라도 크게 부끄러워하여 부단히 고치려고 노력했습니다. 그러니 백성들이 진심으로 그를 자신의 리더로 인정하고 또 섬길 수 있었던 겁니다.

군자(君子)

반면 군자는 성인의 '도'를 후천적으로 배워서 실천한 인물이었으므로, 공자는 "나중에 배워서 도를 아는 이는 그다음이다."라고 표현했음을 알 수 있습니다. 그렇다면 군자는 성인과 어떤 차이점이 있을까요? 먼저 군자(君子)의 의미부터 살펴보겠습니다.

군자는 '임금 군(君)'과 '아들 자(子)'가 합쳐진 단어입니다. 말 그대로 '임금의 아들'이란 뜻이죠. 그런데 임금의 아들 중 첫째인 장남은 훗날 아버지의 뒤를 이은 임금이 됩니다. 반면 둘째부터는 임금 바로 아래에 있는 공(公)의 신분을 받게 되죠. 따라서 차기 임금이 되는 장남을 제외한 아들 즉 군자는 귀족 신분이 되어 백성의 본보기가 되는 존재가 되는 겁니다. 그렇다면 '임금(君)'이란 과연 어떤 인물일까요?

君 又 一 口

'임금 군(君)'은 '또 우(又)'와 '막대기나 지팡이(一)' 그리고 '입 구(口)'로 나눌 수 있습니다. 따라서 '임금 군(君)'은 이 세 가지 단어가 합쳐져 만들어진 문자이죠.

'또 우(又)'는 본래 오른쪽 손의 모습을 나타낸 문자입니다. 자주 사용하는 오른손을 형상화하여 자꾸 쓰는 손이라는 취지에서 '또, 거듭'이라는 의미가 생겨났죠.

손가락 세 개만을 표시한 이유는 다섯 손가락 중에서 주로 쓰는 엄지와 검지 그리고 중지만을 표시하고, 잘 쓰지 않는 나머지 약지와 새끼손가락은 생략했기 때문입니다.

丨 一

이는 지도자가 들고 있는 막대기나 지팡이를 의미합니다.

동서양을 막론하고 예로부터 지도자는 창이나 막대기 또는 지팡이를 들고 있음으로써, 자신이 백성을 이끌고 나아가 다스리는 리더임을 드러냈죠.

尹

바로 여기서 '다스릴 윤(尹)'이 탄생한 겁니다. 하지만 '丨'는 '한 일(一)'이라고 간주할 수도 있습니다. 그렇다면 '다스릴 윤(尹)'은 오른손으로 '하나'를 움켜쥔다는 의미로 풀이할 수도 있죠.

'한 일(一)' 은 '오직, 다만, 단지'의 뜻을 지닙니다. '덕(德)'을 설명하는 부분에서 구체적으로 설명하겠지만, 이는 '모두, 전부, 순수함, 순일(純一)함, 전일(專一)함'을 의미합니다. 최초의 한자(漢字) 해설서인 허신의 『설문해자』에서도 '또 우(又)'와 '한 일(一)'이 합쳐진 것이 '다스릴 윤(尹)'이라고 풀이하고 있죠. 다시 말해서, 나라를 다스리는 지도자는 잡념을 물리치고 오로지 '하나'만을 생각하여 다스려야 하는 존재라는 뜻이 됩니다. 따라서 노자도 다음과 같이 말한 바 있습니다.

10-1: 지도자가 몸을 다스림에 하나로 파악하여, 둘로 나뉘지 않게 할 수 있겠는가?

載營魄抱一, 能無離乎? -『도덕경』

'입 구(口)'는 말을 하거나 음식을 섭취하는 입의 위치를 표시한 문자입니다. 그런데 노자의 『도덕경』이나 공자의 『논어』 등에서는 모두 지도자의 입을 조심하라고 기록하고 있으므로, 이는 바로 지도자의 말 즉 명령을 뜻하죠.

따라서 위의 세 글자 의미를 종합하면, 군자(君子)는 '하나' 즉 오로지 백성과 나라를 생각하는 마음 자세로 명령하는 지도자가 됨을 알 수 있습니다. 그런데 공자는 군자가 지켜야 할 자세에 대해서 다음과 같이 말합니다.

16-8: 공자가 말씀하셨다. "군자는 세 가지를 공경하고 두려워한다. 1) 백성이라는 것이 억압하는 것이 아닌 그들의 천성에 따라 순리대로 다스려야 하는 존재임을 깨닫고, 선한 것과 옳은 것을 지켜야 하는 천명을 공경하면서도 두려워하

여 받드는 것이다. 2) 또한 대인 즉 지배계급인 천자와 제후를 공경하면서도 두려워하여 받듦으로써 어짊(仁)을 실천해야 한다. 3) 그리고 마지막은 대동의 사회를 이끈 성인의 말씀인 '도'를 공경하면서도 두려워하여 따르는 것이다. 하지만 피지배계급인 소인은 선한 것과 옳은 것을 지키는 천명이 무엇인지 몰라서 두려워하지 않고, 지배계급인 천자와 제후를 업신여기며, 대동의 사회를 이끈 성인의 말씀인 '도'를 비웃는다."

孔子曰: "君子有三畏. 畏天命, 畏大人, 畏聖人之言. 小人不知天命而不畏也, 狎大人, 侮聖人之言." -『논어』「계씨(季氏)」

1)과 3)의 내용을 보면 두 가지 사실을 확인할 수 있는데요. 하나는 공자가 언급한 "나중에 배워서 도를 아는 이는 그다음이다."라는 표현은 바로 군자를 염두에 두고 말한 것임을 알 수 있습니다. 그리고 또 하나는 성인과 군자는 모두 '도'로 나라를 다스린 인물이라는 공통점이 있음을 확인할 수 있죠. 그리고 2)에서 '대인(大人)'이라는 표현이 나오는데, 여기서 대인과 소인(小人)에 대해서 잠시 소개하겠습니다.

대인의 그릇이란 위엄이 있어서 사람들이 공경하는 것이니, 천자는 위엄이 있어서 함부로 점치지 않지만, 제후는 나라를 지키려고 점친다.

大人之器, 威敬; 天子無筮, 諸侯有守筮. -『예기』「표기(表記)」

이처럼 '대인'은 천자와 제후 최고위층의 지배계급을 뜻합니다. 따라서 대인의 상대적인 개념이 되는 소인(小人)의 의미 역시 명확하게 드러나고 있는데, 다름 아닌 피지배계급 즉 민(民) 보다도 더 낮은 이른바 천민계층이 됨을 알 수 있는 겁니다. 그렇다면 공자는 왜『논어』

에서 그처럼 자주 군자와 소인을 비교한 걸까요? 당시 소인은 하루 벌어서 하루를 때우기도 버거워서, 오늘날 우리가 말하는 겸손과 검소함, 지혜로움, 신뢰 등 이른바 '도'의 구성 요소들에 대해서는 전혀 신경 쓸 여력이 없기 때문이죠. 따라서 『논어』에 자주 등장하는 '소인'을 '소인배'로 번역하면 안 됩니다.

다시 본론으로 돌아와서, 그렇다면 군자는 성인과 어떤 차이점이 있을까요? 앞에서 노자는 『도덕경』에서 군자(君子)에 대해서는 31장에서 겨우 2차례에 걸쳐 말했을 뿐이라고 했습니다. 이제 여기서 그중 하나를 살펴보죠.

31-4: 무기는 상서롭지 못한 기구이고 이는 군자의 기구가 아니라서, 부득이한 경우에 그것을 씀에, 사리사욕이 없음이 상위에 있게 된다.

兵者, 不祥之器, 非君子之器, 不得已而用之, 恬淡為上. -『도덕경』

노자는 줄곧 성인의 자세를 설명하다가, 왜 갑자기 여기서 주어를 군자로 바꿨을까요? 이유는 의외로 간단합니다. 31장의 주제는 무력에 관한 것이고, 무력을 쓰는 것은 어떤 상황에서도 성인의 원칙에 벗어나기 때문이죠. 이와 관련하여, 다음 기록을 살펴보겠습니다.

십 일 동안 묘족이 명을 거역했다. 이에 익이 우를 도와 말했다. "오직 덕만이 하늘을 움직이니, 먼 곳이라도 굴복합니다. 자만은 손해를 부르고, 겸손은 이익을 받으니, 늘 이와 같은 하늘의 도리입니다. 순임금께서는 처음 역산에서 밭에 나가셨을 때, 매일 하늘과 부모에게 울부짖으시며 모든 죄를 자기 탓으로 돌렸습니다. 부친인 고수를 공경하여 받들고, 조심하고 재계하여 삼가시니, 고수 역시 진실로 따르게 되었습니다. 지극한 정성은 귀신도 감동하는데, 하물며 이 묘족이야 말할 나위가 있겠습니까?" 우는 훌륭한 말에 절하며 말했다. "그렇습니다!" 그러고는 군사를 돌려 철수하고, 제사를 바로잡았다. 순임금은 이에 위엄과 덕망을 넓게 펴고 두 섬돌에서 방패춤(武舞)과 깃털춤(文舞)을 추시니, 칠십 일이 지나서 묘족들이 감복했다.

三旬, 苗民逆命. 益贊于禹曰: "惟德動天, 無遠弗屆. 滿招損, 謙受益, 時乃天道. 帝初于歷山, 往于田, 日號泣于旻天, 于父母, 負罪引慝. 祗載見瞽叟, 夔夔齋栗, 瞽亦允若. 至誠感神, 矧茲有苗." 禹拜昌言曰: "兪!" 班師振旅. 帝乃誕敷文德, 舞干羽于兩階, 七旬, 有苗格.

- 『상서』「대우모(大禹謨)」

순임금은 우에게 명하여, 오직 묘족만이 다스려지지 않으므로 가서 정벌하라고 했습니다. 우는 군대를 이끌고 묘족을 치려고 하였으나, 쉽게 정복하지 못했죠. 이때 익이 우에게 충언하여 덕으로 상대방을 감화시켜야 한다고 말했습니다. 이처럼 노자는 태평성대 성인들의 행적을 빌려서, 전쟁이나 무력으로 상대방을 강박하거나 제압하는 것을 반대했던 거죠. 즉 노자는 31장에서 부득이하게 무력을 행사하는 경우를 설명하면서, 주어 역시 어떠한 상황에서도 무력을 행사하지 않는 성인에서 무력을 행사한 경력이 있는 군자로 바꿔서 설명했던 겁니다.

군자 역시 후천적으로나마 성인의 도를 배우고 실천하려 노력한 존재이기 때문에, 함부로 무력을 사용하지는 않았습니다. 다만 외부의 침략에 맞서거나 지도층의 폭정과 부패에 항거하는 것 그리고 반란을 진압하는 경우에만 사용했는데요. 이러한 무력은 모두 개인의 이익을 위한 것이 아니라, 오로지 백성과 나라를 위한 일념으로 어쩔 수 없이 사용한 부득이한 경우가 됩니다. 그에도 불구하고 노자는 이처럼 주어를 성인에서 군자로 대체했으므로, 성인과 군자의 차이점이 어떤 것인지 어느 정도 가늠할 수 있을 겁니다.

또 공자는 다음처럼 군자에 대해서 언급하기도 했습니다.

14-6: 공자가 말씀하셨다. "군자임에도 어질지 않은 사람은 있지만, 피지배계급인 소인 중에서 어진 사람은 없다."

子曰: "君子而不仁者有矣夫, 未有小人而仁者也." -『논어』「헌문(憲問)」

앞에서 소개한 『예기(禮記)』「예운(禮運)」 편의 "하나라의 우, 상나라의 탕, 주나라의 문왕과 무왕, 성왕 및 주공은 모두 예(禮)와 의로움(義)으로 시비를 가렸다. 이 여섯 군자는 하나도 빠짐없이 모두 예(禮)를 대단히 중시했다."라는 구절을 기억하나요? 따라서 군자는 성인의 '도'를 계승하여 소강 사회를 이끈 훌륭한 지도자라고 할 수 있습니다. 그런데 공자는 왜 이처럼 뛰어난 리더 역시 어질지 않을 수 있다고 말한 걸까요?

요순이 어짊(仁)으로 세상을 다스리자 백성들이 따라서 어질어졌고, 걸주가 포악함으로 세상을 다스리자 백성들이 따라서 포악해졌다. 지도자가 명령하는 바가 백성이 좋아하는 바와 반대되면, 백성들은 따르지 않는다.

堯舜帥天下以仁, 而民從之; 桀紂帥天下以暴, 而民從之. 其所令反其所好, 而民不從. -『예기』「대학(大學)」

요순(堯舜)은 대동 사회를 이끈 성인인데, 오늘날 태평성대의 대명사로 잘 알려져 있습니다. 이와 반대로 걸주(桀紂)는 각각 하(夏)와 상=은(商=殷) 왕조의 마지막 임금으로, 폭군의 대명사로 잘 알려져 있습니다.

1단계: 대동(大同)	2단계: 하(夏)	3단계: 상=은(商=殷)	4단계: 주(周)

대동 사회가 막을 내리면서, 하-상-주 왕조가 차례로 생겼다가 역사의 뒤안길로 사라졌습니다. 그리고 공자가 언급한 여섯 군자 중에서 상나라의 탕은 하나라 마지막 임금인 걸(桀)을, 주나라 무왕은 상나라 마지막 임금인 주(紂)를 끌어내렸죠.

군자는 원칙적으로 성인의 도를 배우고 실천하려 노력한 존재이기 때문에, 함부로 무력을 사용하지는 않았습니다. 하지만 지도층의 폭정과 부패에 항거하는 등의 경우에는, 민심에 따라서 부득이하게 무력으로 그들을 끌어내렸던 겁니다.

뒤에서 자세히 언급하겠지만, 어짊(仁)은 신하가 임금을 진심으로 섬기고 따르는 자세이자, 도(道)의 구성 요소 중 하나입니다. 따라서 비록 성인의 '도'를 따르는 군자였지만, 그들 중에는 '도'의 구성 요소에 어긋난 행위를 한 인물도 있었음을 알 수 있습니다. 그래서 공자는 또 다음처럼 말하기도 했죠.

1-8: 공자가 말씀하셨다. "군자라고 할지라도 신중하지 못하여 경거망동하면, 높고 엄숙함을 잃어 신임을 잃게 되고, 도를 배워도 결국 자기의 것으로 만들어 실천할 수 없게 된다. 따라서 객관적이고도 공정한 자세와 내뱉은 말은 반드시

지키는 신뢰를 중시하고, 자기보다 못한 사람은 배울 것이 없으므로 가까이하지 말며, 잘못을 저지르면 주저하지 말고 뉘우쳐서 고쳐야 한다."

子曰: "君子, 不重, 則不威; 學, 則不固. 主忠信, 無友不如己者, 過, 則勿憚改." - 『논어』「학이」

이처럼 성인과 군자는 '도'로 세상을 다스렸다는 공통점이 있지만, 성인과 달리 군자에게는 결점이 존재했다는 거죠.

그릇(器)

반면 그릇은 '도'의 구성 요소들을 유기적으로 조화롭게 실천하는 경지에는 미치지 못합니다. 그래서 노자는 다음처럼 말했죠.

28-7: 가공하지 않은 목재가 흩어지면 곧 도구가 되고, 성인이 그것을 이용하면 곧 백관의 수장이 되니, 그러므로 커다란 법도는 분할하지 않는다.

樸散則為器, 聖人用之則為官長, 故大制不割. - 『도덕경』

가공하지 않은 목재는 사람의 손을 타지 않은, 질박하고도 순수한 덕(德)을 말합니다. 덕은 도(道) 직전의 단계로서, 덕에 변치 않는 자세인 상(常)이 합쳐졌을 때 비로소 도에 도달할 수 있습니다. 따라서 덕은 많은 구성 요소로 이뤄져 있는데요. 이렇게 하나가 된 덕의 구성 요소들을 조화롭게 운용해야 비로소 참된 리더가 될 수 있습니다.

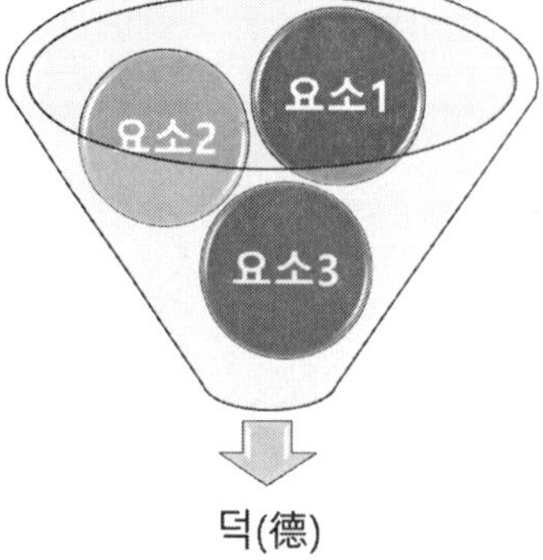

하지만 이 조화로움(和)이 깨지면, 구성 요소들이 낱개로 흩어지면서 덕은 사라지게 됩니다. 그렇게 되면 설령 성인일지라도, 조화로움이 깨져서 흩어진 한둘 혹은 몇몇 구성 요소들만 행할 수 있을 뿐이죠. 따라서 노자는 그 정도 수준으로는 일개 관청의 수장밖에 될 수 없다고 말하고 있습니다. 결국 참된 지도자가 행하는 덕은, 반드시 그 구성 요소들을 유기적으로 조화롭게 실천했을 때 비로소 도달할 수 있는 겁니다.

성인(聖人): 대동 사회 지도자

군자(君子): 소강 사회 지도자

그릇(器): 한 방면의 전문가

이제 상술한 내용을 정리해보겠습니다. 예로부터 중국에서는 지도자를 세 가지로 나눴는데, 정치를 담당하는 지도자를 대동 사회의 지도자인 성인(聖人)과 소강 사회의 지도자인 군자(君子) 그리고 실무담당 전문가인 그릇(기: 器)로 분류했습니다. 이를 좀 더 구체적으로 설명하자면, '성인'이나 '군자'와 같은 지도자는 덕(德)을 행함으로써 백성에게 신뢰를 얻는 데 주력해야 하는 반면, 실무 담당 전문가는 자기가 맡은 역할을 충실하게 해내는 능력을 먼저 갖춰야 한다고 요구하는 거죠. 특히 '성인'과 '군자'를 구분하는 기준에 대해서는 유심히 살펴볼 필요가 있는데, 성인은 태초부터 존재했으므로 누구에게서도 배우지 않았지만 태어나면서부터 '도'를 이해하고 자연스럽게 몸에 받아들여 실천한 대동 사회의 지도자입니다. 반면에 '군자'는 비록 '성인'과 같이 태어나면서부터 '도'를 이해하고 실천한 인물은 아니지만, 옛 '성인'의 '도'를 온전하게 배우고 부단히 노력하여 실천한 소강 사회의 지도자를 일컫습니다. 그리고 이러한 '도'의 구성 요소들을 유기적으로 조화롭게 실천하지 못하고, 이들 중 하나 또는 몇몇 개만을 실천할 수 있는 인물들은 바로 그릇인 전문가가 됩니다. 실제로 오늘날에도 다른 건 몰라도 객관적으로 판단하거나 검소함 혹은 겸손함을 보이는 인물 또는 타인에게 너그러운 인물들을 볼 수가 있죠. 바로 그런 인물들은 일개 기관의 수장이 될 그릇이 되는 겁니다.

이제 이 개념을 바탕으로, 다음 두 구절도 함께 살펴보겠습니다.

2-12: 공자가 말씀하셨다. "'도'를 배워서 실천하는 지도자인 군자는 작은 한 분야에 치우쳐 전문가가 되지 않는다. 가르침의 목적은 바로 옛 성현들의 통치 이념인 '도'를 배우고 익혀서 실천하게 하는 데 있다. 무릇 이와 같이 '도'를 이해하고 실천하면 곧 주변 나라의 백성들이 자기 자식을 업고 몰려올 텐데, '도'를 배우고 부단히 노력하여 실천하는 올바른 지도자가 어찌 스스로 한 작은 분야에 치우쳐 전문가가 되려고 하는가?"

子曰: "君子不器." -『논어』「위정」

5-3: 자공이 물으셨다. "저의 정치적 재능은 어떻습니까?" 공자가 말씀하셨다. "정치하는 이는 대동의 지도자인 성인과 소강의 지도자인 군자 그리고 기(器) 즉 전문가의 순서로 나눌 수 있는데, 너는 전문가이다." 자공이 물으셨다. "어떤 전문가입니까?" 공자가 말씀하셨다. "오곡을 담아 신께 바치던 제기와도 같으니, 귀한 인재이다."

子貢問曰: "賜也, 何如?" 子曰: "女, 器也." 曰: "何器也?" 曰: "瑚璉也."

-『논어』

'호련'은 제사 때 쓰인 제기(祭器)입니다. 그해에 갓 추수한 오곡을 담아서 신에게 감사의 마음을 올릴 때 사용했으니, 얼마나 대단히 중요한 그릇이었는지 짐작할 수 있죠. 하지만 공자의 교육 목표는 '군자'를 양성하여 나라를 안정시키는 데 있었습니다. 제자인 자공 역시 이 사실을 몰랐을 리가 없겠죠. 그런데 이제 스승께서 그를 일개 전문가 정도로 평가했으니, 그의 기분이 어땠을까요? 무척 실망스러웠을 겁니다. 하지만 남과 비교하기를 좋아했던 자공은 금세 미련을 훌훌 털어버리고, 기운을 차려 다시 묻습니다. "그렇다면 전문가 중에서, 저는 어떤 수준입니까?" 이에 공자는 대답합니다. "전문가 중에는 최고 수준이라고 할 수 있다." 따라서 이 둘의 대화를 통해서, '도'의 구성 요소들을 유기적으로 조화롭게 실천한다는 것이 얼마나 어려운 경지인지 간접적으로나마 이해할 수 있을 겁니다.

제5장
덕(德)

제5장
덕(德)

먼저 다음 구절들을 살펴보도록 하겠습니다.

21-1: 큰 덕의 모습은, 오로지 도를 따를 뿐이다.

孔德之容, 惟道是從. -『도덕경』

'덕'이 있음을 숭상하는 것은 어찌 된 일인가? 덕이 '도'에 가깝기 때문이다.

貴有德何爲也? 爲其近於道也. -『예기』「제의(祭義)」

진실로 '덕'에 이르지 못하면, '도'가 머물지 않는다.

苟不至德, 至道不凝焉. -『예기』「중용(中庸)」

노자와 공자는 이처럼 도(道)와 덕(德)의 관계를 명확히 하고 있으니, 덕(德)을 통해서 궁극적으로 도(道)에 이르는 것이라고 규정하고 있습니다. 이를 좀 더 구체적으로 표현한다면 덕(德)이란 도(道) 바로 다음의 하위개념이 되므로, 덕(德)에 이르러야 비로소 도(道)에 근접할 수 있음을 뜻하죠.

도(道)와 덕(德)의 관계

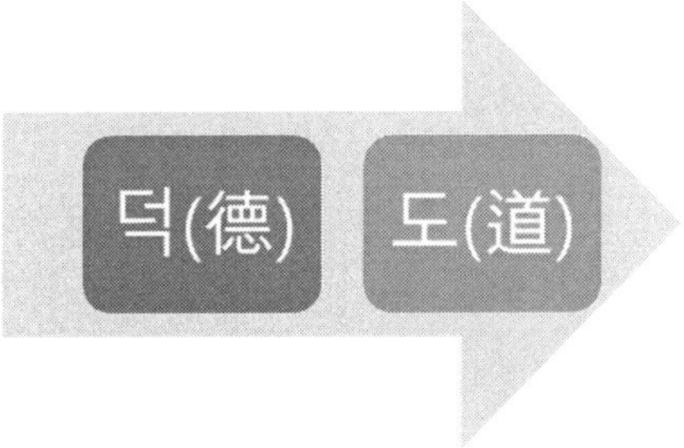

앞에서 도(道)는 다분히 정치적 색채가 짙은 리더십을 뜻한다고 했습니다. 그렇다면 도의 하위개념인 덕은 어떨까요?

59-1: 지도자가 백성을 다스리고 하늘을 섬김에 있어서 인색함보다 더 나은 것이 없는데, 무릇 인색함이란 다른 이에게 양보하지 않고 누구보다 앞서서 선왕의 뜻을 따르는 걸 일컫는 것이니, 누구보다도 앞서서 따른다는 것은 바로 덕을 쌓는 것을 중시한다는 것을 일컫는다.

治人事天莫若嗇, 夫唯嗇, 是謂早服, 早服謂之重積德. -『도덕경』

임금 '태갑'으로부터 '옥정', '태경', '소갑', '옹기'를 거쳐 '태무'에 이르러, 도읍지 '박' 지역에 요망한 뽕나무와 닥나무가 함께 나서, 겨우 하루가 지났을 뿐인데도 저물녘에는 한아름만큼 커지자 '이윤'의 아들 '이척'이 말했다. "요망함은 '덕'을 이기지 못하니 임금께서는 그 '덕'을 닦으소서!" 이에 태무가 선왕들이 했던 대로 정치를 행하자 이틀 만에 요망한 뽕나무가 말라 죽고 상나라의 왕도가 다시 세워졌으므로, 역사상 태무를 나라를 부흥시킨 임금이라는 뜻의 '중종'이라고 불렀다.

自太甲, 歷沃丁, 太庚, 小甲, 雍己, 至太戊, 亳有祥桑穀共生于朝, 一日暮大拱, 伊陟曰, 妖不勝德, 君其脩德, 太戊修先王之政, 二日而祥桑枯死, 殷道復興, 號稱中宗. - 『십팔사략』「은왕조(殷王朝)」

이처럼 덕 역시 정치와 직결되므로, 덕보다 하나 더 상위에 있는 도가 정치와 직결되는 건 어찌 보면 너무나도 당연한 논리일 겁니다. 특히 위의 두 기록을 통해서, 덕(德)을 닦는다는 것은 태평성대를 이끌었던 선왕들의 정치를 배워서 실천하는 것임을 알 수 있습니다. 이와 관련하여 다음의 두 기록도 함께 짚고 넘어가죠.

2-1: 공자가 말씀하셨다. "지도자가 '덕'으로 나라를 다스리면, 마치 별들이 북극성 주변을 맴돌듯이 사람들이 몰려와 그를 지지하고 따르게 된다."

子曰: "爲政以德, 譬如, 北辰居其所而衆星共之." - 『논어』「위정」

4-25: 공자가 말씀하셨다. "지도자가 '덕'을 베풀면 누군가 곁에서 보필하므로, 그 지도자는 결코 외롭지 않게 된다."

子曰: "德不孤, 必有隣." - 『논어』「이인(里仁)」

다음 사진은 장시간 카메라 조리개를 열어서 촬영한 겁니다. 어때요, 북극성을 찾을 수 있나요? 바로 오른쪽의 한 자리에만 머물러서 마치 하나의 점처럼 보이는 것이 북극성이죠. 따라서 예로부터 지도자가 '덕'으로 다스리면, 별들이 북극성을 에워싸고 지키는 것처럼 많은 사람이 지도자 곁에 모여든다고 생각한 겁니다.

이처럼 지도자가 덕으로 다스리는 덕치(德治)를 행하면 수많은 사람이 몰려와 그를 지지하고 따르게 되므로, 『논어』 1장인 「학이(學而)」 편의 첫 구절이 말하고자 하는 취지와 일치하게 되죠.

1-1: 공자가 말씀하셨다. "지도자가 '도'를 배워서 새가 첫 비행에 성공하기 위해 끊임없이 날갯짓하듯 부단히 '도'를 실천하려 애쓴다면 나라가 평온하고 백성들이 행복해할 테니, 이 또한 지도자로서 기쁜 일이 아니겠는가? 그렇게 되면, 자연스레 나라 밖의 많은 사람이 우리 나라가 살기 좋다는 소식을 듣고 몰려와서 지도자를 따를 터이니, 이 또한 지도자로서 즐거운 일이 아니겠는가? 하지만 지도자는 남에게 칭찬을 받거나 보여주려고 하는 것이 아니라, 자기 자신을 위해서 삼가 부단히 '도'를 닦는 것이다. 따라서 설령 자신이 이처럼 부단히 노력하여 통치를 잘하고 있음을 백성들이 알아주지 않아도 화를 내거나 속상해하지 않으면, 이야말로 또한 참된 지도자인 군자가 아니겠는가?"

子曰: "學而時習之, 不亦說乎? 有朋自遠方來, 不亦樂乎? 人不知而不慍 , 不亦君子乎?"
- 『논어』 「학이(學而)」

그렇다면 사람들을 자기 주변으로 모이게 하는 힘을 지닌 덕(德)이란 과연 무엇일까요? 먼저 글자 자체가 지니는 의미부터 분석해보겠습니다.

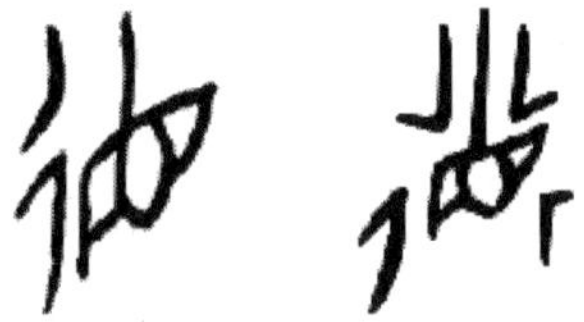

위의 두 갑골문 모양을 보면, 덕(德)은 본래 '다닐 행(行)'과 '열 십(十)' 그리고 '눈 목(目)'이 합쳐진 형태였다는 걸 알 수 있습니다.

반면 위의 왼편에 있는 금문 오른쪽 하단에 보이는 '마음 심(心)'은 후대에 붙여진 거죠. 그리고 금문 왼쪽에 보이는 '조금 걸을 척(彳)'은 위의 오른쪽에 있는 갑골문을 보면 알다시피 사방으로 뻗은 길(네거리)을 문자화한 겁니다. 따라서 문자 형태로 살펴본 덕은 기본적으로 길을 걸으면서 열 개의 눈으로 바라본다는 뜻을 지닙니다.

도(道)는 지도자가 평생을 두고 쉬엄쉬엄 꾸준히 걸어야 할 길 즉 리더십(leadership)이라고 했습니다. 그러므로 덕(德)이란 지도자의 길(道)을 걸으면서 열 개의 눈으로 살피는 것이고, 그렇게 지도자가 마음을 곧고 바르게 하면 타인이 얻는 바가 있게 되거니와, 자기 자신 역시 얻는 바가 있게 되는 거죠.

1. 일덕(一德)

노자는 다음과 같이 말합니다.

42-1: 도는 하나를 낳고, 하나는 둘을 낳으며, 둘은 셋을 낳고, 셋은 만물을 낳는다.

道生一, 一生二, 二生三, 三生萬物. -『도덕경』

도 바로 직전의 단계가 덕이라고 했습니다. 따라서 노자는 여기서 덕을 '하나'로 바꿔서 부르고 있는데요. 다음 구절을 통해서도, 그 사실을 확인할 수 있습니다.

10-1: 지도자가 몸을 다스림에 하나로 파악하여, 둘로 나뉘지 않게 할 수 있겠는가?

載營魄抱一, 能無離乎? -『도덕경』

이 두 구절의 핵심은 '하나'입니다. 그렇다면 '하나'라는 것은 무엇을 뜻할까요? 핸드폰을 사려고 한 매장에 들어간 상황을 예로 들어봅시다. 여러분은 흰색 모델을 사고 싶은데, 점원이 "죄송하지만, 저희

매장에는 검은색 한 종밖에 없습니다."라고 말한다면, 이는 무엇을 의미할까요? 매장에 준비된 핸드폰은 단 하나의 예외도 없이 전부 검은색이라는 뜻이 되죠.

따라서 둘로 나뉘지 않고 하나로 파악한다는 것은 다른 잡념에 빠지지 않고 오로지 하나에만 전념한다는 뜻이 되므로, 이 문장은 마땅히 "지도자가 자신을 부단히 갈고닦아서 사리사욕을 탐하지 않고 오로지 나라와 백성의 안위만을 생각할 수 있겠는가?"라고 풀이해야 하는 겁니다. 이와 관련하여 다음 기록을 보면, 그 뜻을 보다 명확하게 이해할 수 있습니다.

> 아! 하늘을 믿기 어려운 것은 천명이 변하지 않고 오래가지 않기 때문이니, 그 덕이 변하지 않고 오래가면 그 지위를 보존하지만, 그 덕이 변하지 않고 오래가지 못하면 온 세상이 망하게 됩니다. 하나라 왕이 그 덕을 변하지 않고 오래가지 못하게 하여서 귀신(선조)을 업신여기고 백성들을 해치자, 하늘은 나라를 보호해 주지 않았습니다. 이에 하늘은 사방을 살펴보아서 천명을 받은 이를 찾아 가르쳐 새로운 길을 열었고, 순일한 덕이 있는 이를 찾아서 돌보셨으니, 그 사람으로 하여금 귀신(선조)을 받드는 나라의 새로운 주인이 되게 하였습니다. 저 이윤은 몸소 탕임금과 함께 순일한 덕을 갖춰서 천심을 누릴 수 있었으니, 하늘의 밝은 명을 받은 것입니다. (생략) 하늘이 우리 상나라에 사사로움이 있었던 것이 아니라 하늘이 순일한 덕을 도운 것이고, 상나라가 백성들에게 간청한 것이 아니라 백성들이 순일한 덕으로 귀속한 것입니다. 덕이 한결같으면 이에 하늘이 감응하여 길하지 않은 것이 없지만, 덕이 두셋으로 나뉘어 한결같지 않으면 이에 하늘이 감응하여 흉하지 않은 것이 없습니다.

> **嗚呼! 天難諶, 命靡常, 常厥德, 保厥位, 厥德匪常, 九有以亡. 夏王弗克庸德, 慢神虐民, 皇天弗保, 監于萬方, 啓迪有命, 眷求一德, 俾作神主. 惟尹躬暨湯, 咸有一德, 克享天心, 受天明命.** (생략) **非天私我有商, 惟天佑于一德, 非商求于下民, 惟民歸于一德. 德惟一, 動罔不吉, 德二三, 動罔不凶.**
>
> **- 『상서』 「함유일덕(咸有一德)」**

즉 '하나'란 오직 백성과 나라의 안위만을 생각하는 '순일(純一)=순수(純粹)한 덕'을 나타내는 것인데, 공자 역시 '하나'만 생각하는 순일한 덕을 대단히 중시했습니다.

4-15: 공자가 말씀하셨다. "증삼아, 내가 따르는 사람의 도(人道)는 오직 하나로만 도달할 수 있다."

子曰: "參乎, 吾道一以貫之." -『논어』「이인」

15-3: 공자가 말씀하셨다. "자공아, 너는 내가 많이 배워서 그것을 안다고 생각하느냐?" 자공이 대답하셨다. "그렇습니다. 아닙니까?" 공자가 말씀하셨다. "아니다. 나는 오직 하나로 일관할 뿐이다."

子曰: "賜也, 女以予爲多學而識之者與?" 對曰: "然 非與?" 曰: "非也! 予一以貫之." -『논어』「위령공(衛靈公)」

이처럼 덕의 또 다른 이름은 일덕(一德)이고, 이는 오로지 나라와 백성의 안위만을 생각하는 자세를 뜻하는 겁니다. 그렇다면 덕에는 과연 몇 가지가 있을까요?

2. 구덕(九德)

『상서』「고요모(皐陶謨)」의 기록[1]에 따르면, 덕에는 아홉 가지가 있어서 구덕(九德)이라고 불립니다. 이를 정리하면 다음과 같습니다.

① 관이율(寬而栗): 관대하면서도 엄격함

② 유이립(柔而立): 온유하면서도 확고히 섬

③ 원이공(願而共): 정중하면서도 함께 함

④ 치이경(治而敬): 다스리면서도 공경함

⑤ 요이의(擾而毅): 길들이면서도 강인함

⑥ 직이온(直而溫): 정직하면서도 부드러움

⑦ 간이염(簡而廉): 질박하면서도 청렴함

⑧ 강이실(剛而實): 강직하면서도 정성스러움

⑨ 강이의(強而義): 굳세면서도 의로움

1 皐陶曰: "都! 亦行有九德. 亦言, 其人有德, 乃言曰, 載采采." 禹曰: "何" 皐陶曰: "寬而栗, 柔而立, 愿而恭, 亂而敬, 擾而毅, 直而溫, 簡而廉, 剛而塞, 彊而義. 彰厥有常, 吉哉! 日宣三德, 夙夜浚明, 有家. 日嚴祗敬六德, 亮采, 有邦. 翕受敷施, 九德咸事, 俊乂在官, 百僚師師. 百工惟時, 撫于五辰, 庶績其凝." 『尙書』「皐陶謨」

그중에서 삼덕(三德) 즉 세 가지 덕을 행하면 가문을 소유할 수 있으니 바로 '제가(齊家)'를 뜻하고, 육덕(六德) 즉 여섯 가지 덕을 행하면 나라를 소유할 수 있으니 '치국(治國)'을 의미하며, 이 모두를 합친 구덕(九德) 즉, 아홉 가지 덕을 섬기면 모든 관료들이 엄숙하고 삼가게 되니 '평천하(平天下)'를 가리키죠.

그런데 이 아홉 가지 덕목들을 자세히 살펴보면, 모두 강함과 부드러움의 조화라는 공통점을 발견할 수 있을 겁니다. 따라서 덕(德)이란 대동 사회를 이끌었던 지도자인 성인들이 행한 엄격함과 부드러움의 통치법을 조화롭게 실천하려는 절조(절개와 지조)라고 할 수 있습니다.

그렇다면 이 '구덕' 중에서 '삼덕'과 '육덕'은 어떻게 구별해야 할까요? 다음 기록들을 살펴봅시다.

> 삼덕(세 가지 덕)이라 함은, 첫 번째는 정직함을 말하는 것이요, 두 번째는 강직함으로 다스림을 말하는 것이요, 세 번째는 유함으로 다스림을 말하는 것이니, 평화롭고 안락하면 정직함으로 하고, 굳어서 따르지 않으면 강직함으로 다스리며, 화해하여 따르면 유함으로 다스리고, 성정이 가라앉아 겉으로 드러나지 않으면 강직함으로 다스리며, 식견이 높으면 유함으로 다스리는 것입니다.

> **三德, 一曰正直, 二曰剛克, 三曰柔克, 平康正直, 彊弗友剛克, 燮友柔克, 沈潛剛克, 高明柔克.**
> **-『상서』「주서(周書)」**

즉 '삼덕'은 정직함과 강직함 그리고 부드러움으로 다스리는 것을 말하는 것이니, 이는 위의 구덕 중에서 ⑦ 유이립(柔而立): 온유하면서도 확고히 섬, ⑥ 직이온(直而溫): 정직하면서도 부드러움, ⑧ 강이실(剛而實): 강직하면서도 정성스러움에 해당하고, 나머지는 바로 '육덕'

이 됨을 알 수 있습니다. 제2장의 2. 물과 불의 통치에서 공자가 "통치를 관대하게 하면 백성들이 게을러지고, 게을러지면 엄격하게 바로잡아야 하지만, 엄격하게 통제하면 백성들이 상처를 받으니 다시 관대함을 베풀어야 한다. 따라서 관대함과 엄격함이 조화를 이루는 정치가 가장 좋은 것이다."라고 평가한 내용을 기억하나요?

바로 이것이 '삼덕'인데, 이처럼 삼덕은 백성의 기질에 따라서 엄격함과 부드러움을 혼용하여 조화롭게 다스리는 것을 의미합니다. 나라가 낙후되었을 때는 흐트러진 기강을 바로잡아 백성들을 엄격하게 다스려야 하지만, 세월이 흘러서 정치와 경제가 안정되어 문화생활을 누리게 되면 관대함을 베풀어야 하죠. 하지만 관대함이 지나치면 백성들이 나태해지므로, 다시 엄격하게 다스려야 한다는 겁니다. 이 삼덕을 현대어로 바꾸면 '당근과 채찍'의 통치법이라고 할 수 있겠죠.

정나라의 자산은 오직 덕(德)이 있는 사람만이 당근이라는 부드러움과 채찍이라는 강함의 통치법을 조화롭게 실천할 수 있다고 말했습니다. 지도자가 덕이 없는데도 인권(人權)이라는 미명(美名)으로 관대한 척했다가는, 도둑들만 늘어나 더 큰 혼란으로 빠지게 된다고도 했죠. 따라서 자산은 지도자가 어설프게 덕이 있는 척했다가 괜히 더 큰 혼란만 가져오느니, 차라리 도둑을 잡아다 죽임으로써 나라를 안정시키는 것이 낫다고 강조한 겁니다. 물론 나라가 안성되면, 채찍을 거두고 다시 당근을 쥐야겠지만 말입니다.

이제 '삼덕'과 '육덕'을 그림으로 정리하면 다음과 같습니다.

치국(治國)의 육덕(六德)

① 관이율(寬而栗):
관대하면서도 엄격함
③ 원이공(願而共):
정중하면서도 함께 함
④ 치이경(治而敬):
다스리면서도 공경함
⑤ 요이의(擾而毅):
길들이면서도 강인함
⑦ 간이염(簡而廉):
질박하면서도 청렴함
⑨ 강이의(□而義):
굳세면서도 의로움

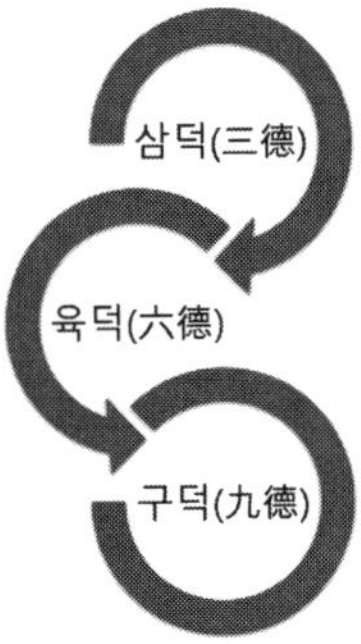

제가(齊家)의 삼덕(三德)

② 유이립(柔而立):
온유하면서도 확고히 섬
⑥ 직이온(直而溫):
정직하면서도 부드러움
⑧ 강이실(剛而實):
강직하면서도 정성스러움

여기서 미리 한 가지 사실을 언급해둘까 합니다. 위의 아홉 가지 덕목을 살펴보면서, 이들이 공통으로 지니는 두 가지 특징을 눈치챘나요? 하나는 강함과 부드러움 한쪽으로 치우치지 않는 중(中)입니다. 또 하나는 이미 위에서 잠시 언급했듯이 강함과 부드러움 어느 하나만을 챙기고 나머지는 버리는 것이 아닌, 모두를 아우르면서 함께 가려 하는 조화로움 즉 화(和)가 그것입니다. 그리고 중(中)과 화(和)는 덕(德)의 양대(兩大)요소가 됩니다. 이 부분은 덕 바로 다음에서 구체적으로 짚고 넘어가죠.

그렇다면 '삼덕'과 '육덕' 그리고 '구덕'은 언제부터 있었던 개념일까요?

우임금이 구주(나라 전체)의 쇠를 거두어서 아홉 개의 솥을 주조하니, 솥의 세 발은 삼덕을 상징했다.

收九牧之金, 鑄九鼎, 三足象三德. -『십팔사략』「하왕조(夏王朝)」

상술한 기록을 살펴보면 '삼덕'은 우(禹)임금 때 존재했음을 알 수 있는데, 그보다 위에서 언급했던 고요의 말을 자세히 살펴보면 순임금 때에 이미 '구덕'의 개념이 확립되어 있음을 엿볼 수 있으니, 이러한 '삼덕' '육덕' '구덕'은 상고시대인 대동의 사회부터 존재했던 겁니다.

그런데 어떻게 한 사람이 강함과 부드러움을 두루 갖출 수 있을까요? 자기의 잘못은 크게 부끄러워하여 엄격하게 꾸짖고 고치도록 노력하고 타인의 잘못은 너그럽게 감싸주어 관대한 태도를 보이면 됩니다. 다시 말해 참된 지도자의 모습은 내가 하면 로맨스이고 남이 하면 불륜인 '내로남불'이 아닌, 내가 하면 불륜이고 남이 하면 로맨스인 '내불남로'가 되어야 합니다.

앞에서 덕(德)은 지도자의 길(道)을 걸으면서 열 개의 눈으로 살피는 것이고, 그렇게 지도자가 마음을 곧고 바르게 하면 타인이 얻는 바가 있게 되거니와, 자기 자신 역시 얻는 바가 있게 된다고 했었죠? 이 말은 또 무슨 뜻일까요? 리더가 자기의 잘못을 크게 부끄러워하여 고치려고 노력하면, 그만큼 리더의 결점이 없어지고 백성들이 더욱 살기 좋은 나라가 됩니다. 마찬가지로 타인의 잘못을 너그러이 감싸주면, 타인은 그만큼 용서를 받을 수 있거니와 더욱 지도자를 믿고 따르게 됩니다. 따라서 결과적으로 타인 즉 백성이 얻는 바가 있게 되거니와, 자기 자신 즉 리더 본인 역시 얻는 바가 있게 되는 거죠.

노자는 『도덕경』에서 또 다음과 같이 설명합니다.

54-2: 그것(덕)을 잘 닦아 자신에게 행하면, 그 덕은 이에 진실해진다.

修之於身, 其德乃眞.

54-3: 그것(덕)을 잘 닦아 가문에 행하면, 그 덕은 이에 남음이 있게 된다.

修之於家, 其德乃餘.

54-4: 그것(덕)을 잘 닦아 마을에 행하면 그 덕은 이에 커갈 것이고, 그것(덕)을 잘 닦아 나라에 행하면, 그 덕은 이에 풍요로워진다.

修之於鄕, 其德乃長, 修之於國, 其德乃豐.

54-5: 그것(덕)을 잘 닦아 세상에 행하면, 그 덕은 이에 보편적으로 두루 미치게 된다.

修之於天下, 其德乃普.

이는 공자도 똑같이 설명한 바 있는데요. 바로 『예기』 「대학(大學)」[2] 편을 통해서 우리에게 잘 알려진 수신제가치국평천하(修身齊家治國平天下)의 도리이죠. 따라서 '수신제가치국평천하'는 노자나 공자가 처음 언급한 것이 아닐 뿐 아니라, 그 대상이 바로 '덕'이 됨을 알 수 있

2 "古之欲明明德於天下者, 先治其國; 欲治其國者, 先齊其家; 欲齊其家者, 先修其身; 欲修其身者, 先正其心; 欲正其心者, 先誠其意; 欲誠其意者, 先致其知, 致知在格物. 物格而後知至, 知至而後意誠, 意誠而後心正, 心正而後身修, 身修而後家齊, 家齊而後國治, 國治而後天下平."

습니다. 즉 '덕'이란 작은 것에서 큰 것으로 점차 나아가는 스텝 바이 스텝(step by step)의 과정을 밟아야 하는 거죠. 이처럼 한 걸음 한 걸음 나아가는 것은 덕을 실천하는 일련의 과정으로, 그 주된 특징은 바로 작은 것에서 시작하여 점차 큰 것으로 확장해야 한다는 겁니다. 지붕이 있는 건물을 짓기 위해서는 반드시 먼저 기초공사를 하고 나서 기둥을 세워야만 비로소 지붕을 올릴 수 있는 것처럼 말입니다.

3. 오미사악(五美四惡)의 육덕(六德)

『논어』의 마지막 장인 「요왈(堯曰)」 편에는 다음과 같은 기록이 있습니다.

20-2: 자장이 공자에게 물으셨다. "어떤 것을 다해야 정치에 종사할 수 있습니까?" 공자가 말씀하셨다. "다섯 가지 좋은 일을 높이고, 네 가지 잘못을 물리치면, 이제 정치에 종사할 수 있다." 자장이 말씀하셨다. "무엇을 다섯 가지 좋은 일이라고 합니까?" 공자가 말씀하셨다. "군자는 1) 은혜로워서 백성에게 베풀지만 낭비하지는 않고, 2) 백성을 수고롭게 하지만 원망을 듣지는 않으며, 3) 원하는 대로 하지만 탐내지는 않고, 4) 스스로 마음을 편안하게 하지만 교만하지는 않으며, 5) 멀리서 보면 위엄이 있지만 다가가면 사납지 않다." (생략) " 자장이 말씀하셨다. "무엇을 네 가지 잘못이라고 합니까?" 공자가 말씀하셨다. 1) "가르치지 않고 백성을 내보내 죽이는 것을 모질다고 한다. 2) 깨닫도록 이치를 잘 설명해주지 않고 백성에게 성과를 바라는 것을 난폭하다고 한다. 3) 태만하여 느슨하게 부리고는, 오히려 기한 내에 끝내라고 다그치는 것을 도적이라고 한다. 4) 사람들에게 베풀어야 하는 게 주된 임무인데, 금전이나 물품을 빌려준 후 갚을 기한을 넉넉하게 주지 않는 것을 유사(사무를 맡아보는 직무)라고 한다."

子張問於孔子曰: "何如斯, 可以從政矣?" 子曰: "尊五美, 屛四惡, 斯可以從政矣." 子張曰: "何謂五美?" 子曰: "君子, 惠而不費, 勞而不怨, 欲而不貪, 泰而不驕, 威而不猛." (생략) 子張曰: "何謂四惡?" 子曰: "不敎而殺, 謂之虐. 不戒視成, 謂之暴. 慢令致期, 謂之賊. 猶之與人也, 出納之吝, 謂之有司."

이 구절에서 등장하는 것이 바로 나라를 다스리는 정치에 필요한 '오미사악(五美四惡)', 즉 다섯 가지 좋은 일을 높이고, 네 가지 잘못을 물리치는 것입니다. 그렇다면 이 아홉 가지의 의미가 각각 무엇인지 알아봐야 하는데요. 그전에 다음의 '육덕' 즉 여섯 가지 '덕'에 대해서 다시 한번 살펴보겠습니다.

구덕	육덕	삼덕
평천하(平天下)	치국(治國)	제가(齊家)
① 관이율(寬而栗): 관대하면서도 엄격함	○	
② 유이립(柔而立): 온유하면서도 확고히 섬		○
③ 원이공(願而共): 정중하면서도 함께 함	○	
④ 치이경(治而敬): 다스리면서도 공경함	○	
⑤ 요이의(擾而毅): 길들이면서도 강인함	○	
⑥ 직이온(直而溫): 정직하면서도 부드러움		○
⑦ 간이렴(簡而廉): 질박하면서도 청렴함	○	
⑧ 강이실(剛而實): 강직하면서도 진실스러움		○
⑨ 강이의(強而義): 굳세면서도 의로움	○	

이 여섯 가지의 '육덕'은 다름 아닌 '치국' 즉 정치에 필요한 '덕'입니다. 따라서 공자가 설명하는 '오미사악(五美四惡)'의 아홉 가지는 바로 '육덕'과 직결되죠. 그렇다면 '육덕'과 '오미사악'이 각각 어떻게 연결되는지, 그리고 왜 육덕은 여섯 가지인데 공자는 오미사악의 아홉 가지로 설명한 건지 하나씩 풀어서 살펴보겠습니다.

> 1) 혜이불비(惠而不費) - 백성에게 베풀지만(부드러움) 낭비하지는 않음(강함): 백성들이 자기에게 꼭 필요하다고 여기는 것을 선별하여 베풀면, 베풀지만 낭비하지 않는 것이 아니겠는가?

이는 '③ 원이공(願而共): 정중하면서도 함께 함'에 해당합니다. 백성이 진정으로 원하는 바가 뭔지 엄격하고도 신중하게 파악하는 정중한 모습을 보인(강함) 후 그것에 아낌없이 베풀면(부드러움), 백성이 지도자를 따르고 지도자 역시 백성을 섬기는 그야말로 진정 함께 하는 상생과 공생의 모습이 되죠. 따라서 공자는 말합니다. 지도자가 백성이 진정 원하는 것에 과감히 국고(國庫)를 열면, 이는 백성을 위한 것이므로 낭비가 되지 않는다고.

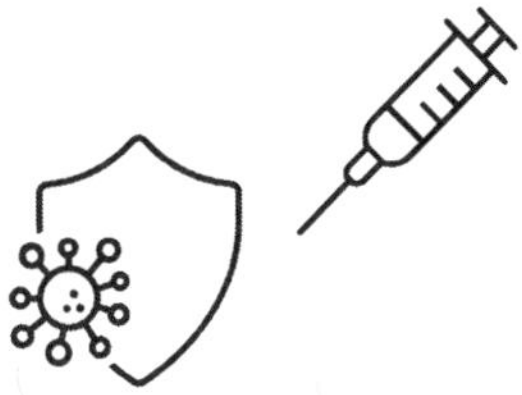

2019년 말부터 전 세계적으로 유행한 코로나19 전염병이 수많은 사람의 목숨을 위협했습니다. 게다가 변이가 속출하면서, 백신 접종이 무엇보다 중요한 일이 되었죠. 한 나라의 지도자는 무엇보다 국민의 건강을 우선시해야 하는데요. 따라서 백신을 확보하기 위해서 부득이하게 막대한 비용을 지출해야 한다면, 과연 누가 지도자를 원망할까요?

> 2) 노이불원(勞而不怨) - 백성을 수고롭게 하지만(강함) 원망을 듣지는 않음(부드러움): 백성을 수고롭게 할 만한 일을 골라서 수고롭게 하면, 또 누가 원망하겠는가?

이는 '⑤ 요이의(擾而毅): 길들이면서도 강인함'에 해당합니다. 지도자 결정이 수긍할 만한 것이라면, 이를 따르지 않는 백성은 없습니다. 지도자가 그런 백성의 뜻을 헤아려서 수고롭게 한다면(강함), 백성은 지도자의 뜻에 따라서 길들여지죠(부드러움). 따라서 공자는 말합니다. 지도자가 정당한 방법으로 그들을 수고롭게 한다면, 백성은 결코 지도자의 결정에 불만을 품지 않는다고.

국경 지역에 튼튼한 성곽을 축조하여 적의 침략에 대비하는 것은, 지도자가 백성을 지키기 위해서 당연히 해야 할 일입니다. 그리고 이를 위해서는, 부득이하게 백성들을 동원할 수밖에 없죠. 하지만 한창 바쁜 농번기는 피해서, 반드시 농한기에만 백성들을 동원해야 합니다. 이처럼 백성의 입장을 이해하면서 그들을 수고롭게 하면, 누가 지도자를 원망하겠습니까?

3) 욕이불탐(欲而不貪) - 원하는 대로 하지만(부드러움) 탐내지는 않음(강함): 진심으로 어질어지고자 하여 어짊에 이르니, 어찌 그것이 탐내는 것이겠는가?

이는 '④ 치이경(治而敬): 다스리면서도 공경함'에 해당합니다. 정치를 담당하는 지도자가 아래로는 엄격하게 기강을 확립하여 백성을 잘 이끌고(강함), 또 위로는 임금을 진심으로 섬기고 따르는 어짊을 행하면(부드러움) 나라가 안정된다는 거죠.

1. 율곡 이이가 이조판서로 재직 중일 때, 성과 본이 같은 문중의 이순신이 나라에 필요한 인재라고 생각하여 그와 나랏일을 이야기하고 싶었습니다. 그래서 이순신과 한동네에 살았던 류성룡에게 둘의 만남을 성사시켜 달라고 요청한 적이 있습니다. 하지만 이순신은 "율곡처럼 같은 문중의 어른을 뵙는 건 좋지만, 그분이 이조판서 자리에 계시므로 지금 만나는 것은 옳지 못하다."라며 거절했습니다.

2. 정5품의 고위직에 있던 서익은 자신의 친척 한 명을 승진시키려고 인사 압력을 가했지만, 이순신은 단칼에 거절했습니다. 결국 앙심을 품은 서익으로 인해 이순신은 파직되기도 했지만, 끝까지 뜻을 굽히지 않았습니다.

3. 병조판서 김귀영은 이순신의 인품을 높이 사서, 자기 딸과 혼인시키려고 했습니다. 하지만 이순신은 벼슬길에 갓 나온 자가 권세가에 발을 들일 순 없다면서 거절했는데요. 권세 있는 집안과 혈연관계가 되면, 결국 파벌 싸움에 휘말릴 수밖에 없다고 판단한 겁니다. 이에 김귀영은 더욱 감탄하며 이순신을 아끼게 되었다고 하죠. 이처럼 지도자가 스스로 바로잡는 솔선수범의 자세로 기강을 확립하면(강함) 백성이 그를 신뢰하게 되어 진심으로 따르게 되고, 나라가 안정됨으로써

백성과 신하가 더욱 임금을 진심으로 섬기고 따르게(부드러움) 됩니다.

4. 1597년 수도 한양으로 빠르게 북상하는 왜군 때문에, 조선은 국가 위기에 봉착했습니다. 당시 삼도수군통제사였던 이순신 장군은 원균 등의 모함을 받아 파면당했고, 원균이 그 자리에 앉았습니다. 하지만 그는 칠천량 해전에서 대패했고, 많은 수군의 목숨과 배들을 잃었죠. 이에 선조 임금은 조선군의 손실이 너무 크다는 이유로 수군을 폐지하려고 했습니다. 그러자 이순신 장군은 선조에게 장기적인 차원에서 계책을 올렸습니다. "지금 신에게는 아직도 배 12척이 남아 있습니다. 죽을힘을 다하여 막아 싸운다면 그들을 대적할 수 있습니다. 비록 배의 수는 적지만, 신이 죽지 않은 한 적은 감히 우리를 업신여기지 못할 것입니다." 이에 선조는 이순신 장군을 삼도수군통제사로 재임명했지만, 그에게는 전의를 상실한 병사들과 두려움에 가득 찬 백성들 그리고 고작 12척의 배들만 있었습니다. 그렇다면 이순신 장군은 이 위기를 어떻게 극복할 수 있었을까요? 물론 지형과 조류 등을 완벽하게 파악한 전략과 전술이 주된 원인 중 하나였을 겁니다. 하지만 죽음에 대한 두려움 속에서도 지도자를 믿고 따른 부하들과 백성들 없이는 불가능했습니다. 그리고 나약한 임금과 득세한 간신들이 나라를 혼란으로 몰고 갔을 때, 이순신 장군은 자기 혼자만 살려고 하거나 혹은 임금에게 잘 보여서 사적인 이익을 도모하려 들지 않았습니다(강함). 오직 임금을 진심으로 섬기고 따르는 어짊(仁)의 자세로 충언을 올렸기에(부드러움) 수군을 유지하고 통제사로 재임명됨으로써, 마침내 왜군의 침략을 극복하고 다시 나라를 위기에서 구하여 안정시킬 수 있었던 겁니다.

> 4) 태이불교(泰而不驕) - 스스로 마음을 편안하게 하지만(부드러움) 교만하지는 않음(강함): 군자는 많거나 적음 혹은 작거나 큼에 상관없이 감히 태만하지 않으니, 이것이 스스로 마음을 편안하게 하지만 교만하지 않은 것이 아니겠는가?

이는 '⑦ 간이염(簡而廉): 질박하면서도 청렴함'에 해당합니다. 나랏일에 종사하는 사람이 재물에 집착하면 평상심을 잃게 되어 탐욕이 생기게 되고, 또 그렇게 되면 백성보다 자신의 이익을 먼저 생각하게 됩니다. 그러므로 참된 지도자인 군자는 재물에 집착하지 않아서 항상 마음을 평안하게 하지만(부드러움), 결코 태만한 모습을 보이지는 않죠(강함). 따라서 공자는 말합니다. 군자는 오직 나라와 백성의 안위만을 생각하므로, 청렴한 자세를 유지하기 위해서 탐욕을 생기게 하는 재물에 마음을 두지 않는다고.

세종대왕이 집권할 때 우의정과 좌의정을 지낸 맹사성은 벼슬이 낮은 사람이 찾아와도 관복을 갖춰 입고 대문 밖에 서서 맞이했고, 그가 돌아갈 때 역시 밖으로 나가 친히 배웅하는 겸손함을 보였습니다. 또 그는 매우

검소하여 재물에 관심을 보이지 않아서, 조정에서 받은 녹미로만 근근이 생활했다고 하죠. 하루는 임금이 그의 집을 방문했는데, 집이 너무 초라해서 놀랐다고 합니다(강함). 특히 바깥출입을 할 때는 소탈한 차림

으로 소를 타고 다녀서, 백성 대부분은 그가 재상인 줄을 알지 못했다고 전해지죠(부드러움). 하지만 그는 여진족 정벌에 큰 공을 세워서 조선 왕조의 영토 확장에 지대한 영향을 끼쳤고, 나아가 조선의 특징을 살린 예악제도를 정비하는 등 맡은 업무에 태만하지 않고 혼신의 힘을 쏟는 모습을 보였습니다.

> 5) 위이불맹(威而不猛) - 멀리서 보면 위엄이 있지만(강함) 다가서면 사납지 않음(부드러움): 군자는 의관을 바르게 하고, 몸을 낮춰서 주변에 보이는 모든 이들을 존중하며, 엄숙하여 사람들이 바라보면 그를 경외하니, 이것이 멀리서 보면 위엄이 있지만 다가서면 사납지 않은 것이 아니겠는가?

참된 지도자인 군자는 항시 자기를 추스르고 자신에게 엄격히 하며 올곧은 모습을 보이기에, 멀리서 보는 백성은 쉬이 다가서지 못합니다(강함). 하지만 군자는 오로지 나라와 백성의 안위만을 생각하고 타인의 허물에는 관대하며 백성의 마음을 이해하고 따르려 노력하므로, 가까이 다가가면 그 누구보다도 인자하고 부드러운 모습을 띠는 거죠(부드러움). 따라서 공자는 말합니다. 참된 지도자는 이처럼 엄격함과 관대함을 모두 갖춘 조화로움(和)을 이룬다고.

이처럼 공자가 언급한 정치에 필요한 오미(五美: 다섯 가지 좋은 일)는 바로 '다섯 가지 미덕(美德)'을 뜻하는 것임을 알 수 있습니다. 하지만 한 가지 이해할 수 없는 게 있습니다. 그렇다면 공자는 왜 육덕(六德) 중 하나인 ⑨ 강이의(強而義: 굳세면서도 의로움)에 대해서는 언급하지 않은 것일까요? 더군다나 이 덕목은 다른 다섯 개와 달리, 강함과 부드러움의 조화가 아닌 굳셈과 의로움 즉 강함과 강함의 충돌은 아닐까요? 이제 다음 기록을 살펴보겠습니다.

> 자로가 강함에 대해서 물으셨다. 공자가 말씀하셨다. "네가 묻는 것은 남방의 강함인가 아니면 북방의 강함인가, 그도 아니면 네가 스스로 생각하는 강함인가? 너그럽고 부드러움으로 가르치며 무도함에 보복하지 않는 것은 남방의 강함이니, 군자가 머문다. 반면 병기와 갑옷을 갖춰 입어 늘 전쟁을 하고 죽어도 싫증내지 않는 것은 북방의 강함이니, 흉포한 자가 머문다."

> 子路問强. 子曰: "南方之强與, 北方之强與, 抑而强與? 寬柔以敎, 不報無道, 南方之强也, 君子居之. 衽金革, 死而不厭, 北方之强也, 而强者居之."
>
> -『예기』「중용」

强

'굳셀 강(强)'의 중국어 발음과 성조는 2가지가 있습니다. '강하다, 세다'라는 긍정적인 의미를 나타낼 때는 [qiáng] 2성으로 발음하죠. 하지만 '억지로 하다, 강제로 하다'라는 부정적인 의미를 지닐 때는 [qiǎng] 3성으로 바뀝니다. 다시 말해서 긍정의 의미는 바로 '남방의 강함'을 나타내는 반면, 부정의 의미는 '북방의 강함'을 뜻합니다.

따라서 육덕(六德) 중 하나인 ⑨ 강이의(強而義: 굳세면서도 의로움)에서

'굳셀 강(强)'은 '남방의 강함' 즉 부드러움을 나타내고, '옳을 의(義)'는 어짊(仁)과 상반된 강함이 되는 겁니다. 즉 이 덕목은 "백성을 이끄는 지도자는 자기가 처한 신분에서 목숨을 걸고(강함) 누구보다 백성을 아끼고 보호해야(부드러움) 한다."라는 뜻을 지니므로, 역시 강함과 부드러움의 조화를 나타내고 있죠.

그렇다면 공자는 왜 이 마지막 덕목에 대해서는 언급하지 않고, 바로 '사악(四惡)'의 네 가지 잘못으로 넘어간 걸까요? 이제 '네 가지 잘못'에 대해서 하나씩 살펴보면, 자연스레 그 해답을 얻을 수 있습니다.

1) 학(虐)
가르치지 않고 백성을 내보내 죽이는 것을 모질다고 한다.

학병(學兵) 또는 학도병(學徒兵)은 일제강점기에 강제로 징집되어서, 태평양 전쟁 또는 제2차 세계대전에 참전한 일본 제국 식민지의 학생들을 일컫습니다. 1941년 일본은 태평양 전쟁을 일으켰는데, 이미 1937년부터 중일 전쟁을 치르는 중이라서 병력이 부족한 상태였습니다. 그래서 고등학생 심지어 그 이하의 학생들까지도 차출했죠. 하지만 그들은 제대로 된 군사훈련을 받지 못한 채 전선에 투입되었습니다. 이건 그들에게 그냥 총알받이를 하다가 죽으라고 등을 떠민, 아주 잔인무도한 행위였습니다. 그래서 공자는 다음과 같이 말한 적도 있습니다.

13-30: "가르치지 않은 백성들을 전쟁에 내보내는 것, 이를 일컬어 그들을 버리는 것이라고 한다."

子曰: "以不敎民戰, 是謂棄之."

2) 폭(暴)
깨닫도록 이치를 잘 설명해주지 않고 성과를 바라는 것을 난폭하다고 한다.

주입식 교육은 교육 내용을 학생에게 일방적으로 주입시키는 교수법을 뜻합니다. 물론 살아가는 데 꼭 필요한 가장 기본적인 지식을 짧은 기간에 기억하게 하는 데는 분명 효과적일 수 있습니다. 하지만 교육의 궁극은 기초 원리를 최대한 쉽게 설명하여 이해시킨 후, 학습자로 하여금 스스로 창의적인 생각을 하도록 이끄는 겁니다. 매년 노벨상 수상자가 발표될 즈음이면, 한국의 여러 언론들은 교육 전문가들의 말을 빌려서 "한국 교육, 이대로는 안 된다!"라는 제목의 특집 기사를 연일 내놓습니다. 하지만 며칠 지나면, 그걸로 끝입니다. 공자의 표현을 빌려서 표현하자면, 난폭함이 되는 거죠.

3) 적(賊)
태만하여 느슨하게 부리고는, 오히려 기한 내에 끝내라고 다그치는 것을 도적이라고 한다.

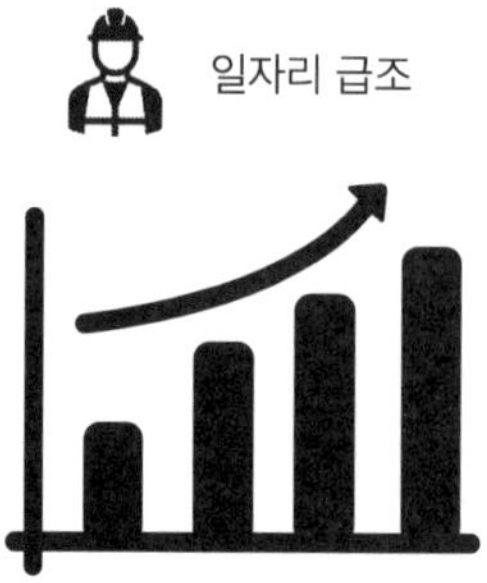

매년 하반기 고용지표가 악화될 때마다, 한국 정부는 공공기관들을 압박하여 단기 일자리를 창출하라고 다그칩니다. 고용 상황이 안 좋은 만큼 청년 취업 시장과 중장년층 재취업 시장에 활력을 불어넣어야 한다는 입장인데요. 문제는 단기 일자리가 취업자 수를 부풀려서, 고용지표를 왜곡할 가능성이 있다는 겁니다. 하지만 청와대까지 나서서 단기 일자리 확대가 고용지표 왜곡을 위한 '급조된 일자리'라는 비판을 강력하게 부인하고 있습니다. 고용 시장 개선은 긴 안목을 갖고 전문가의 의견을 토대로 체계적으로 준비해야 합니다. 하지만 매번 평가를 목전에 두고서야 부랴부랴 좋은 결과를 내라고 다그치는 모습을 보이죠. 매년 땜질하듯 급조된 단기 일자리를 만들 게 아니라, 충분한 시간을 갖고 중장기적인 차원에서 고민하고 풀어야 할 숙제입니다.

4) 유사(有司)
사람들에게 베풀어야 하는 게 주된 임무인데, 금전이나 물품을 빌려준 후 갚을 기한을 넉넉하게 주지 않는 것을 유사(사무를 맡아보는 직무)라고 한다.

코로나19로 매출이 줄어든 신생 중소기업들이 은행의 대출 상환 독촉에 시달리고 있습니다. 대출 상환을 연기해 주는 대신, 기존 금리를 2배로 올리겠다는 은행까지 나와 논란이 되고 있는데요. 실제로 한 산업용 기계 제조업체 대표는 대출 만기를 연장하기 위해서 거래 은행을 찾았다가, 대출 금리를 연 3%대에서 7%대로 올려야 한다는 말을 들었다고 합니다. 사실 이 업체는 전년보다 수주 실적이 올랐지만, 코로나19로 인해 수출길이 막혀서 매출이 없는 상태입니다. 이런 기업들을 위한 정부의 적극적인 개입과 중재도 필요하지만, 무엇보다 약자를 보호하여 상생과 공존을 추구하고자 하는 금융당국과 은행의 자정 노력이 필요해 보입니다.

결국 공자는 나라를 다스리는 데(治國) 필요한 여섯 가지 덕(六德) 중 하나인 9. 강이의(強而義: 굳세면서도 의로움)에 대해서 언급하지 않은 게 아니라, 이 덕목과 상반되는 네 가지 잘못(四惡)의 예들을 열거하여 '백성을 이끄는 지도자는 자기가 처한 신분에서 목숨을 걸고 누구보다 열악한 환경에 처한 백성을 아끼고 보호해야 한다."라는 자세가 어떤 것인지 보다 구체적으로 풀어서 설명하고자 한 것임을 알 수 있습니다.

4. 변치 않음의 상(常)

하지만 덕을 실천한다고 해서 바로 도에 도달했음을 의미하는 건 아닙니다. 이미 앞에서 밝힌 것처럼, 덕에 상(常)이 합쳐져야 비로소 온전한 도가 완성되는 겁니다.

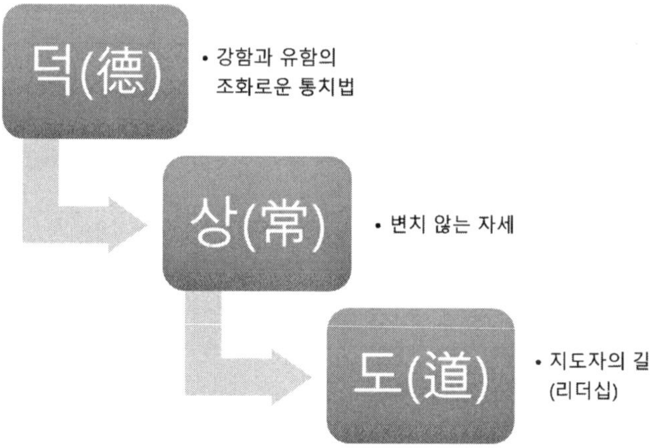

그래서 노자와 공자는 끊임없이 이러한 변치 않는 태도인 상(常)에 대해서 강조하곤 했죠.

64-5: 백성들이 일하면 항상 거의 완성될 즈음에 그것을 그르치므로, 시작할 때처럼 끝까지 신중하면 곧 일을 그르치지 않는다.

民之從事, 常於幾成而敗之, 愼終如始, 則無敗事. -『도덕경』

사람들이 일을 처리할 때 종종 거의 끝에서 망치는데, 이는 초지일관 신중한 자세를 유지하지 못했기 때문입니다. 마찬가지로 지도자가 덕을 행하더라도 변치 않는 자세로 일관하지 못하면, 머지않아 나라와 지도자의 끝이 불행해지고 맙니다.

59-4: 나라를 가질 수 있음의 근본은, 장구히 보존하는 것이다.

有國之母, 可以長久. -『도덕경』

59-5: 이를 일컬어 기초가 튼튼하다고 하니, 오랫동안 장수하는 방법이다.

是謂深根固柢, 長生久視之道. -『도덕경』

그러므로 한 나라를 책임질 수 있는 지도자에게 요구되는 가장 기본적인 자질은, 다름 아닌 혼신을 바쳐서 나라를 오랫동안 평안하게 유지하는 것이죠. 그리고 그것이 지도자의 자리를 오랫동안 유지할 수 있는 유일한 길이 되는 겁니다.

공자가 말씀하셨다. "모두 자기가 지혜롭다고 말하는데, 그들을 몰아서 그물이나 덫이나 함정 가운데에 넣어도 피할 줄 모른다. 사람들은 모두 자기가 지혜롭다고 말하는데, 그들은 중용을 택하고도 한 달을 채 지키지 못한다."

子曰: “皆曰予知, 驅而納諸罟擭陷阱之中, 而莫之知辟也. 人皆曰予知, 擇乎中庸而不能期月守也.” -『예기』「중용(中庸)」

9-16: 공자가 다리 위에서 시냇물을 내려다보며 말씀하셨다. “흐르는 것이 이와 같으니, 낮과 밤을 쉬지 않는구나.”

子在川上曰: “逝者如斯夫, 不舍晝夜.”

『시경(詩經)』의 「대아(大雅), 탕(蕩)」에는 “시작이 없지는 않지만, 그 끝이 있기는 드물다(靡不有初, 鮮克有終.)”라는 구절이 있습니다. 처음부터 일을 그르치고자 하는 사람은 없습니다. 그저 중간에 변하는 것일 뿐. 그렇다면 왜 변치 않는 초지일관(初志一貫)의 자세가 필요한 걸까요?

토끼와 거북이가 달리기 경주를 했습니다. 처음에는 토끼가 열심히 달렸는데, 거북이가 한참 뒤처진 걸 보고는 방심해서 중간에 잠을 잤죠. 하지만 거북이는 처음부터 끝까지 한결같은 모습을 보이면서 묵묵히 기어간 결과 결국 승리했습니다. 이는 우리에게 잘 알려진 이솝 우화 속 ‘토끼와 거북이’인데, 이와 비슷한 일이 실제로도 있었죠.

왼쪽 사진의 후지나미 신타로(藤浪 晋太郎)는 키 197cm에서 뿜어져 나오는 시속 160km의 강속구를 자랑하며, 일본 프로 야구 한신 타이거즈(Hanshin Tigers)에 1순위로 지명을 받은 유망주 투수입니다. 입단 후 3년 연속 두 자릿수 승수를 올리면서, 그 진가를 마음껏 뽐내기도 했습니다. 그는 특히 고교 시절부터 프로 초창기까지 오른쪽 사진의 오타니 쇼헤이(大谷翔平)와 라이벌 구도를 형성해왔습니다. 오타니 선수는 키가 195cm의 장신에 최고 구속 165㎞를 상회하며, 현재 미국 메이저 리그 LA 에인절스(Angels)에서 투수와 타자로 활동하고 있습니다. 얼마 전에는 홈런 1위를 달리고 있는 그가 경기 선발투수로 등판해서 승리까지 따내, 100년 만에 뉴욕 양키스(New York Yankees) 출신의 베이브 루스(GeorgeHerman “Babe” Ruth)가 재림했다는 기사가 언론을 도배하기까지 했죠.

이 두 선수는 비록 라이벌 관계이지만, 2012년 서울에서 열린 청소년야구선수권대회를 시작으로 일본 프로 야구를 이끌 쌍두마차로 한껏 기대를 받아왔습니다. 하지만 라이벌 오타니와 달리 후지나미는 이후 심각한 제구 난조로 성적이 급락했고, 2020년 3월에는 일본 프로야구 선수로는 최초로 코로나19 확진 판정을 받기도 했습니다. 당시 코로나19가 일본에서 급속도로 확산되고 있었는데, 그 와중에 20대 여성들이 다수 참석한 파티에 참석한 사실이 알려져 비난을 받았죠. 거기다가 완치 판정 후 처음 참가한 단체 훈련에도 지각하는 바람에, 결국 구단은 그를 무기한 2군으로 강등시켜 내려보냈습니다.

반면 오타니 선수는 투수와 타자를 오가면서도 꾸준하게 뛰어난 성적을 보여서, 사람들은 그를 현실판 야구 만화 주인공이라고 치켜세우고 있습니다. 특히 겸손하면서도 성실히 훈련에 임하는 모습은 물론 아무도 없는 구장에서 묵묵히 쓰레기를 줍는 인성까지 보여주면서, 지금은 팬들의 절대적 지지를 받는 현대 프로 야구의 상징이 되었습니다.

제6장

중(中)과 화(和)

제6장
중(中)과 화(和)

그렇다면 덕을 행하기 위해서는 어떤 조건을 갖춰야 할까요?

> 42-1: 도는 하나를 낳고, 하나는 둘을 낳으며, 둘은 셋을 낳고, 셋은 만물을 낳는다.
>
> 道生一, 一生二, 二生三, 三生萬物. -『도덕경』

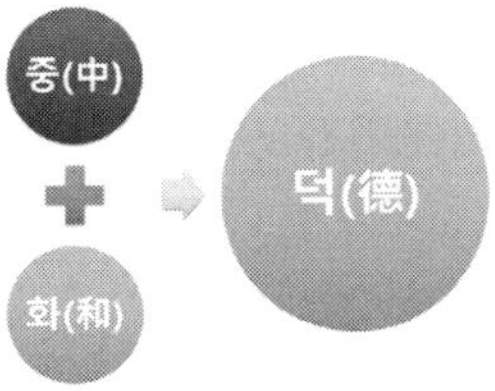

'하나'는 도 바로 아래 개념인 순일한 덕으로, 지도자가 오로지 나라와 백성의 안위만을 생각하는 것이라고 했습니다. 그런데 '하나' 즉 순일한 덕이 둘을 낳는다고 했으므로, 바로 '둘'은 '덕'에서 나뉘는 두 가지 즉 '덕'을 이루는 두 요소가 되죠. 그렇다면 '덕'을 이루는 두 가지 요소는 무엇일까요?

이는 강함과 부드러움의 통치법을 조화롭게 실천하려는 절조인 덕의 두 가지 구성 요소로서, 바로 객관적이고도 공정한 중(中)의 자세와 조화로움의 화(和)를 나타냅니다.

강함과 부드러움을 조화롭게 한다는 것은 어느 한쪽으로 치우치지 않는 것이므로, 객관적이고도 공정한 중(中)의 자세가 필요합니다.

또 강함과 부드러움 어느 하나만을 선택하는 것이 아니라 이들 모두를 포용하는 것이므로, 조화로움의 화(和) 역시 필요합니다. 중(中)과 조화로움의 화(和)에 대해서 좀 더 살펴보죠.

희로애락의 감정이 드러나지 않은 것을 한쪽으로 치우치지 않는 중(中)이라고 하고, 그 감정들이 다 드러나지만 지나치거나 모자라지 않고 모두 절도에 맞은 것을 조화로움(和)이라고 한다. 중(中)이라는 것은 세상의 큰 근본이고, 조화로움(和)은 세상이 이미 '도'에 닿은 것이다. 따라서 중(中)과 화(和)에 이르면, 천지가 자리를 잡고 만물이 자란다.

喜怒哀樂之未發, 謂之中, 發而皆中節, 謂之和. 中也者, 天下之大本也, 和也者, 天下之達道也. 致中和, 天地位焉, 萬物育焉. -『예기』「중용」

이 말은 객관적이고 공정한 중(中)의 태도를 바탕으로 하고 나아가 조화로움(和)을 실천해야만 '도'에 도달할 수 있다는 뜻이므로, 중(中)과 조화로움(和)은 '도'의 구성 요소가 됩니다. 그런데 다음 구절을 보면, 중(中)과 조화로움(和)은 단독으로 존재할 수 없음을 알 수 있습니다.

1-12: 유자가 말씀하셨다. "예(禮)를 행하는 것은 조화로움(和)을 위해서이다. 상고시대 태평성대를 구가했던 선왕들의 통치 이념인 '도'는 바로 이 조화로움(和)을 최상의 것으로 여겼으니, 세상의 크고 작은 일들은 바로 이 조화로움(和)으로 인해서 생겨난다. 하지만 진정한 조화로움(和)이란 절도에 맞도록 조절하여 표현하는 것이니, 예(禮)로 모자라거나 지나치지 않도록 절제해야 한다."

有子曰: "禮之用, 和爲貴. 先王之道, 斯爲美, 小大由之. 有所不行, 知和而和, 不以禮節之, 亦不可行也."
-『논어』「학이」

자공이 자리를 넘어가 물으셨다. "감히 묻습니다. 장차 무엇을 가지고 이러한 중(中)을 행하는 것입니까?" 공자가 말씀하셨다. "예(禮)일지니, 예(禮)로다! 무릇 예(禮)라는 것은 중(中)을 바로잡는 조건이 된다."

子貢越席而對曰: "敢問. 將何以爲此中者也?" 子曰: "禮乎, 禮! 夫禮所以制中也."
-『예기』「중니연거(仲尼燕居)」

즉 중(中)과 조화로움의 화(和)는 예(禮)로 절제하고 통제해야 하므로, 예(禮) 역시 '도'의 구성 요소가 되죠.

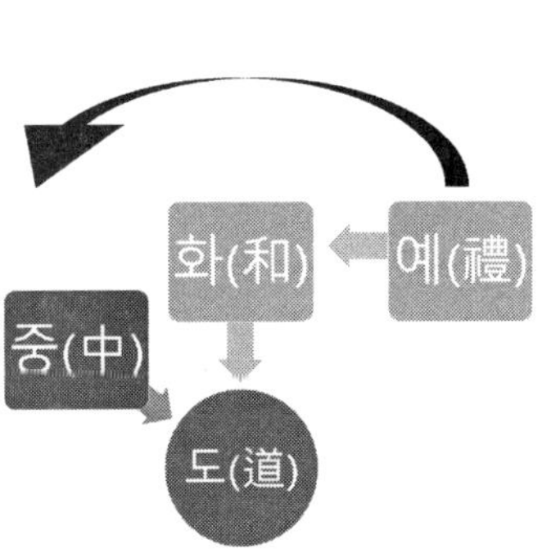

특히 위의 『예기』 기록은 인간의 희로애락 네 가지 감정

을 절제하여 드러나지 않게 하는 것이 중(中)이라고 했는데, 여기서는 쉽게 설명하기 위해 감정을 예로 든 것이지, 결코 감정에만 국한된 개념이 아님에 유의할 필요가 있습니다.

이제 한쪽으로 치우치지 않는 객관적이고도 공정한 자세인 중(中)의 예를 들어보겠습니다. 한국 프로야구 팬들 사이에서 '돌부처'라고 불리는 오승환 선수가 있는데요. 기쁠 때나 슬플 때나 심지어 화가 날 때도 그의 표정이 한결같아서 붙여진 별명이죠. 실제로 인터넷을 검색해보면, 사진의 표정만 봐서는 그것이 마지막 투구로 승리를 확정 지은 순간인지 아니면 홈런을 맞은 순간인지 거의 구분하기가 어렵습니다.

반면에 조화로움의 화(和)는 희로애락의 감정을 숨기지 않고 자연스럽게 모두 드러내 표출시키는 것이므로, 기쁨과 분노 그리고 슬픔과 즐거움이 각각 고유의 특성을 유지하면서도 서로 충돌하지 않고 조화를 이룬다는 뜻이 됩니다.

그 대표적인 것이 바로 성년식, 결혼식, 장례식과 제사를 뜻하는 관혼상제(冠婚喪祭)의 예(禮)가 되므로, 예(禮)는 화(和)와 역시 밀접한 관계를 지니고 있죠. 즉 예(禮)라는 것은 '도'에 도달하기 위해서 조화로움(和)을 통제하는 요소가 되는 것, 다시 말해서 '조화로움(和)을 위한 절제와 통제'가 되는 겁니다.

그렇다면 이러한 절제와 통제는 도대체 무엇을 뜻하는 것일까요? 예를 들어서, 성년식 당일 축배를 들다가 "오늘은 마시고 죽자!"라고 말하면서 절제하지 못하면 어떻게 될까요? 정말로 죽겠죠? 또 부모상을 당했을 때 슬픔을 절제하지 못하면, 자칫 부모님 장례식에서 자기 장례를 치를 수 있겠죠? 실제로 공자의 제자 자하(子夏)는 스승이 죽은 후에는 사람들을 가르치면서 여생을 보냈는데, 훗날 어린 아들이 죽자 너무나 서럽게 울다가 결국 장님이 되었다고 합니다. 따라서 이 모든 것들이 바로 예(禮)에 어긋나서 중(中)과 조화로움(和)에 이르지 못한 행동이 됩니다. 예(禮)에 대해서는 뒤에서 좀 더 구체적으로 다루기로 하겠습니다.

1. 객관적이고도 공정한 중(中)

중이라는 것은, 편벽되지 않고 치우치지 않으며 지나치거나 미치지 못함이 없는 것의 이름이요, 용은 변치 않고 늘 그러함이다.

中者, 不偏不倚無過不及之名, 庸, 平常也. -『예기』「중용 · 서(中庸 · 序)」

이러한 중(中)의 태도와 관련하여, 먼저 노자는 다음과 같이 말합니다.

5-4: 지도자가 말이 많으면 누차 곤궁해지니, 차라리 중(中)을 지키는 것이 낫다.

多言數窮, 不如守中.

이 구절을 풀이하면 다음과 같습니다. “지도자가 함부로 말하고 명령을 내리게 되면, 나라를 다스리는 데 있어 항상 어려운 문제들이 발생하게 된다. 따라서 어느 한쪽으로 치우치지 않고 객관적이고도 공정한 태도를 유지하는 자세를 취하는 것이 오히려 더 중요하다.”

왼손으론 저울을 오른손으론 검 한 자루를 들고, 두 눈을 검은 천으로 가린 정의의 여신 디케(Dike). 여기서 왜 그녀가 법의 객관성과 공정성을 상징하는지를 다시금 되새겨야 합니다. 저울은 어느 한쪽으로 치우치지 않음을, 검 한 자루는 흔들리지 않는 단호함을, 그리고 검은 천은 사사로운 감정에 치우치지 않음을 뜻하죠. 물론 이러한 중(中)의 자세는 결코 실천하기 쉽지 않습니다. 그래서 더욱 지도자에게 요구되고 있죠. 노자는 또 다음처럼 말하기도 했습니다.

10-3: 관직을 줌에 있어서 깨끗하고, 또 이치에 통달하여 자세히 들여다보아, 결점이 없을 수 있는가?

滌除玄覽, 能無疵乎? -『도덕경』

노자는 말합니다. "지도자가 관료 임명 과정에 있어서 무엇보다 투명하고 또 객관적이고도 공정하게 후보를 살핌으로써, 임명에 어떠한 결점도 없을 수 있겠는가?"

공자 역시 노자와 똑같은 취지로 말한 바 있습니다.

2-14: 공자가 말씀하셨다. "도를 배우고 부단히 노력하여 실천하는 올바른 지도자인 군자는 어느 한쪽으로 치우쳐 편들지 않고 공정하게 판단하지만, 반면에 피지배계급인 소인은 한쪽으로 치우쳐 편들어 공정하게 판단하지 못한다."

子曰: "君子周而不比; 小人比而不周."　　- 『논어』「위정」

공자가 한 말을 살펴보면, 군자는 항상 공변된(한쪽으로 치우치지 않고 공평한) 태도로 변하지 않고 부단히 노력하는 데에만 힘을 기울인다는 뜻이니, 이러한 중(中)의 태도는 다음의 기록을 통해서 그 깊이가 더욱 드러납니다.

사랑하지만 그 나쁜 점을 알고, 미워하지만 그 좋은 점을 아는 것이다.

愛而知其惡, 憎而知其善.　　- 『예기』「곡례상(曲禮上)」

예나 지금이나 관료 임명은 항상 세간의 화제가 되었던 것 같습니다. 그렇다면 동서고금을 막론하고, 이 문제가 그토록 중요한 것일까요?

순이 말했다. "그대와 상의할 것이 있소, 사악이여! 힘써 임금의 사업을 변치 않고 빛내고, 관직을 맡기면 진실로 가려서 백성들에게 베풀 수 있는 이가 있겠소?"

舜曰: "咨, 四岳! 有能奮庸熙帝之載, 使宅百揆, 亮采惠疇?"
- 『상서』「순전(舜典)」

관직은 사사로이 미치지 않도록 해야 하니, 오직 유능한 자를 가까이하고, 작위는 악한 이에게 미치지 않도록 하여야 하니, 오직 현명한 이에게 베풀어야 합니다.

官不及私, 昵惟其能, 爵罔及惡, 德惟其賢.　　- 『상서』「열명(說命)」

많은 세월을 거쳐서 조직 체계가 제아무리 변했다고 해도 결국 신하의 최종 임명권은 최고 지도자인 임금이 가집니다. 관직 임명은 최고 지도자의 의중을 무엇보다 분명하게 밝히는 강력한 근거가 되죠. 현대사회로 따지면 청렴결백한 인물을 총리로 지명했다는 것은 비리 근절을 강력하게 추진하겠다는 대통령의 의중이 담겨 있음을 의미합니다. 물론 비리로 가득한 인물을 임명했다는 건 정반대의 의미를 지니겠죠. 그래서 노자는 중(中)의 태도를 다음과 같이 설명하기도 합니다.

77-1: 하늘의 도리, 그것은 마치 활시위를 당기는 것과 같다!

天之道, 其猶張弓與!

77-2: 높으면 그것을 낮추고, 낮으면 그것을 높여주며, 남으면 그것을 덜어주고, 부족하면 그것을 보충해준다.

高者抑之, 下者擧之, 有餘者損之, 不足者補之. -『도덕경』

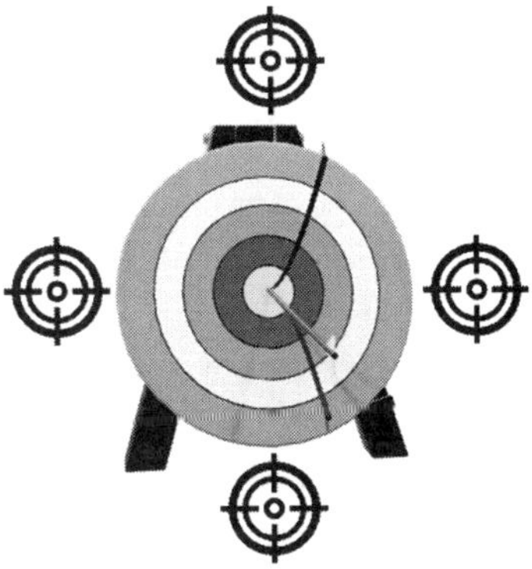

활시위를 당기기 전에 과녁보다 높게 조준하면 낮추고, 낮게 조준하면 높이며, 힘이 남으면 빼고, 힘이 부족하면 더해줘야 비로소 화살을 과녁에 맞힐 수 있습니다. 방향이 어느 한쪽으로 치우치면 다시 가운데로 향하도록 다

듣고, 힘이 모자라거나 남지 않도록 조율하여 과녁을 조준하는 것은, 지도자들이 나라를 다스릴 때 어느 한쪽으로 쏠리거나 혹은 지나치거나 모자람이 없도록 단련하는 일련의 과정입니다. 즉 예로부터 지도자들이 바쁜 와중에도 틈을 내서 활쏘기에 전념했던 것은 활쏘기를 통해서 객관적이고도 공정한 중(中)의 자세를 수련하기 위해서였던 거죠.

그런데 중(中)의 자세를 이해하여 실천함에 있어서 유의해야 할 점이 있습니다.

77-3: 하늘의 도리는, 남는 것을 덜어 부족함을 보충해준다.

天之道, 損有餘而補不足.

세상 만물은 모두 그 수량이 한정되어 있습니다. 부족하다고 해서 함부로 새로이 만들어내면 더 큰 문제에 직면하고 맙니다. 단적인 예로 빈민층에게 금전적으로 더 많은 지원을 한다는 구실로 화폐를 너무 많이 찍어내면 화폐 가치가 떨어져서 물가가 오르는 인플레이션(Inflation) 현상이 나타나고, 제품을 너무 많이 생산하면 오히려 화폐 가치가 올라가는 디플레이션(Deflation) 현상이 발생합니다. 그렇다면 부족해서 발생하는 문제점들을 어떻게 해결할 수 있을까요?

순임금이 우에게 말했다. "그대 또한 덕이 있는 말을 해 보시오." 우가 절하여 답했다. "아, 제가 어찌 말할 게 있겠습니까! 저는 그저 온종일 부지런함만을 생각하고 있습니다." 고요가 삼가 우에게 말했다. "무엇을 일컬어 부지런하다고 합니까?" 우가 말했다: "(생략) 직과 더불어서 백성들에게 구하기 어려운 음식을 주고, 음식이 모자라면 남는 것을 가져다가 부족함을 보충해주었으며, (살기 좋은 곳으로) 옮겨 살게 했습니다. 그러자 백성들이 이에 안정되고, 온 나라가 다스려졌습니다." 이에 고요가 말했다. "그렇습니다. 이는 훌륭합니다!"

帝舜謂禹曰: "女亦昌言." 禹拜曰: "於, 予何言! 予思日孳孳." 皐陶難禹曰: "何謂孳孳?" 禹曰: "(생략) 與益予衆庶稻鮮食. (생략) 與稷予衆庶難得之食. 食少, 調有餘補不足, 徙居. 衆民乃定, 萬國爲治." 皐陶曰: "然, 此而美也."

-『사기』「하본기(夏本紀)」

공자 역시 이와 똑같은 도리를 설명한 적이 있습니다.

6-3: 제자 공서화가 사신으로 제나라에 가니, 또 다른 제자 염구가 공서화의 어머니를 봉양하기 위해서 스승에게 식량을 청했다. 공자가 이르시기를: "여섯 말 넉 되를 주라." 그러자 염구가 더 달라고 청했다. 공자가 이르시기를: "열여섯 말을 주라." 하지만 염구는 공자의 말을 따르지 않고 식량 여든 섬을 주었다. 공자가 이르시기를: "공서화가 제나라에 갈 때 살찐 말을 타고, 가벼운 갖옷을 입었다. 내가 상고(上古)의 대동 사회로부터 소강 사회까지 이어온 공통적인 도에 대해서 듣기로 참된 지도자는 궁핍한 이를 돕지, 부유한 이에게 보태주지는 않는다고 했다." 공자의 손자인 자사가 한 고을의 원님이 되었다. 공자가 구백의 많은 식량을 주자 자사가 사양했다. 공자가 이르시기를: "사양하지 말라. 네 이웃 마을과 네가 사는 마을의 여러 사람에게 나누어 주라."

子華使於齊, 冉子爲其母請粟. 子曰: "與之釜." 請益. 曰: "與之庾." 冉子與之粟五秉. 子曰: "赤之適齊也, 乘肥馬, 衣輕裘. 吾聞之也, 君子周急, 不繼富." 原思爲之宰, 與之粟九百, 辭. 子曰: "毋. 以與爾鄰里鄕黨乎."

-『논어』

이처럼 태평성대에는 남는 쪽에서 덜어내 가져다가 부족한 쪽을 메워줌으로써 소외됨 없이 모두가 함께 더불어 지냈으니, 어찌 노자와 공자가 그런 사회를 그리워하지 않을 수 있고 또 그 사회로 돌아가자고 주장하지 않을 수 있었겠습니까!

하지만 노자와 공자가 강조하는 것은 서로의 차이를 인정하면서도 조화를 이루는 사회입니다. 이는 분배의 형평성에 관한 것이지, 무조건적 균등 분배를 뜻하는 것이 아니죠. 공장을 예로 들어봅시다. 우리가 어느 한 공장에서 일하고 있고 일과가 끝나면 공장장이 모두에게 공평하게 달걀을 5개씩 나눠준다면, 이건 분배의 형평성입니다. 그런데 어느 날 한 사람이 어제 과음했다면서 구석을 찾아 온종일 잠만 자고 퇴근 시간에야 부스스 일어나 달걀 5개를 고스란히 다 받아간다면, 이건 무조건적 균등 분배죠. 어떤 이가 급한 일이 생겼다면서 중간에 일을 멈추고 공장을 벗어나고, 심지어 또 어떤 이는 몸이 아프다면서 출근도 하지 않고 달걀 5개를 받아간다면, 과연 그 모습을 바라보는 다른 대다수의 기분은 어떨까요? 하루 이틀이야 그럴 수 있다고 치지만, 상습적으로 이를 악용하는 사람들이 생기면 누가 열심히 일하려고 하겠습니까? 그렇게 되면 이 사회는 발전할 수 없고, 내일이 오늘보다 나아질 거란 희망도 사라집니다. 따라서 온종일 열심히 일한 사람은 달걀 5개를 받지만, 그렇지 못한 사람은 그 성과에 따라 차등 분배를 받는 것이 진정한 분배의 형평성입니다. 물론 달걀을 1개도 받지 못해서 굶주리는 이가 생기면 안 되겠죠. 하지만 그건 또 다른 차원 즉 사회복지 정책으로 해결해야 할 문제이지, 분배의 형평성과 동일 선상에서 다루면 안 됩니다. 이 둘은 전혀 다른 성질의 것이니까요.

2. 어느 하나 버리지 않고 함께 하는 조화로움의 화(和)

그렇다면 조화로움(和)이란 과연 무엇일까요? 노자는 다음과 같이 설명합니다.

> 2-1: 세상 모든 이들이 어떤 것이 아름다운 것인지 아는 이유는 바로 추함이 동시에 함께 존재하기 때문이고, 모든 이들이 어떤 것인 선한 것인지 아는 이유는 바로 선하지 못함이 동시에 함께 존재하기 때문이다.
>
> **天下皆知美之為美, 斯惡已; 皆知善之為善, 斯不善已.** **-『도덕경』**

아름다움이 있으면 그 반대인 추함이 동시에 존재하고, 선량한 사람이 있으면 역시 동시에 선량하지 못한 사람도 존재합니다. 이는 태양과 낮, 뜨거움의 양이 존재하면, 달과 밤, 차가움의 음 역시 존재한다는 음양의 조화(和)를 뜻합니다.

다만 여기서 한 가지 주의해야 할 것은, 노자는 결코 타인에게 피해를 주는 나쁜 것도 버리지 말고 함께 가야 한다고 한 적은 없다는 점입니다. 그렇기에 아름다움의 반대인 추함에 대해서는 포용의 자세를 취했지만, 선량함의 반대가 되는 악함에 대해서는 논하지 않고, 선량하지 못함에 대해서만 말했던 거죠.

세상은 좋음과 나쁨 두 가지로만 나뉘는 것이 아닙니다. 이 세상에는 좋지는 않지만 그렇다고 나쁘지도 않은 중간자적 개념도 있기 때문입니다. 선한 이들과 선하지 못한 이들은 함께 갈 수 있지만, 악한 자들까지 포용하고자 하면 사회만 더 큰 혼란에 빠질 뿐입니다. 아무리 조화로움이 중요하다지만 핵폐기물을 격리하지 않고 살 수는 없는 노릇 아닙니까? 핵폐기물도 소중한 존재라고 생각하여 끌어안고 함께 가려다가는 모두가 죽고 맙니다. 그래서 노자는 다음처럼 말하기도 했습니다.

74-2: 만약 백성이 늘 죽음을 두려워하게 하고, 이상한 행동을 하는 이를 내가 잡아다 죽인다면, 누가 감히 또 그리하겠는가?

若使民常畏死, 而為奇者吾得執而殺之, 孰敢? - 『도덕경』

계속해서 다음 구절을 보겠습니다.

2-2: 그러므로 있음과 없음이 함께 생겨나고, 어려움과 쉬움이 함께 생겨나며, 길과 짧음이 함께 존재하고, 높음과 낮음이 함께 존재하며, 음률과 소리가 함께 조화를 이루고, 앞과 뒤가 함께 좇는다.

故有無相生, 難易相成, 長短相較, 高下相傾, 音聲相和, 前後相隨.

따라서 노자는 좋은 것만을 추구하고 좋지 못한 것은 버리는 것이 아니라, 어느 하나 버리지 않고 모두 함께하는 공생과 상생의 도리 즉 조화로움의 화(和)를 강조하고 있음을 알 수 있습니다. 그렇다면 노자가 이 구절에서 말하고자 하는 의미는 무엇일까요?

굳이 심각하게 대두되는 현대사회의 문제점으로 접근하자면, 있음과 없음이 함께한다는 것은 가진 이와 가지지 못한 이가 함께 살아가는 것을 뜻하고, 어려움과 쉬움이 함께 생겨난다는 것은 어려운 일을 극복하고 해낸 이와 쉬운 일만 한 이가 함께 존재한다는 것을 의미합니다. 또 길과 짧음이 함께 존재한다는 것은 재능이 많은 이와 재능이 많지 않은 이가 함께 살아가는 것을 나타내고, 높음과 낮음이 함께 존재한다는 것은 신분이 높은 이와 신분이 낮은 이가 함께 살아가는 것을 가리키죠. 음률과 소리가 함께 조화를 이룬다는 것은 구성 요소들이 온전하게 합쳐진 완전체와 그렇지 못한 불완전한 존재가 더불어 살아가고, 앞과 뒤가 함께 좇는다는 것은 앞선 이와 뒤처진 이가 공존한다는 것을 말합니다. 간단히 말해서, 이는 기득권층과 약자층의 조화를 상징하죠.

어느 날 엄마 돼지는 아기 돼지 3형제를 불러서 이제 각자 독립하라고 했습니다. 엄마 품을 떠난 첫째는 집짓기가 귀찮아서 짚더미로 대충 초가집을 지었는데 늑대가 입김을 불자 그 초가집은 금방 무너져 버렸죠. 놀란 첫째 돼지는 둘째 집으로 도망갔지만, 그 집 역시 나무로 엉성하게 지은 집이라 오래 버티지 못했습니다. 첫째와 둘째는 쫓기다가 결국 셋째 집으로 피신했는데, 그 집은 벽돌로 지어져서 늑대가 아

무리 입김을 불거나 몸으로 밀어붙여도 무너뜨릴 수 없었습니다. 화가 난 늑대는 굴뚝을 통해 들어갔다가, 셋째가 미리 준비해 놓은 물이 펄펄 끓는 솥에 빠진 후 도망가 버렸습니다. 이후 3형제는 서로 도우면서 벽돌집에서 행복하게 살았죠.

우리에게도 익숙한 『아기 돼지 삼 형제』 이야기에서, 첫째와 둘째는 어려운 일을 피하고 쉬운 일만 하려 했고, 셋째는 어려운 일을 피하지 않고 극복하는 인물로 등장합니다. 그리고 늑대는 인생에서 찾아오는 위기를, 또 돼지들의 집은 그 위기를 극복하는 힘을 상징합니다. 이 일화가 우리에게 전하고자 하는 메시지는, 어려움을 극복하고 튼튼한 벽돌집을 지은 셋째 돼지라는 기득권층이 쉬운 일만 한 첫째와 둘째 돼지라는 약자층을 무시하거나 내치지 않고 포용하여 조화롭게 살아야 한다는 가르침입니다.

노자는 이 같은 상생과 공존의 도리를 또 다음과 같은 수사로 설명하기도 했습니다.

11-1: 서른 개의 바큇살이 하나의 바퀴 통에 모였는데, 바퀴 통 속이 비어있어야 수레의 작용이 있다.

三十輻共一轂, 當其無, 有車之用.

바큇살은 바깥의 둥그런 바퀴 테와 바퀴 가운데에 있는 바퀴 통을 연결합니다. 바퀴 통은 속이 비어있어서 각각의 바큇살에 힘을 고르게 전달할 수 있고, 그렇게 해야 바퀴 테가 움직여서 수레가 앞으로 나가게 되죠. 바퀴 통은 있어야 하지만 속이 비어있지 않으면 바큇살에 힘을 고루 전달할 수 없고, 그러면 결국 수레는 나아가지 않습니다.

11-2: 진흙을 빚어 그릇을 만드는데, 그릇에 공간을 만들어야 그릇의 쓰임이 있다.

埏埴以為器, 當其無, 有器之用.

진흙을 빚어서 그릇을 만들려면 그릇의 중간 부분을 파서 비워야 비로소 뭔가를 담을 수 있습니다. 진흙은 있어야 하지만 그 안을 비우지 않으면 그릇이 아니죠.

11-3: 창문을 내어 집을 짓는데, 집에 공간을 만들어야 집의 쓰임이 있다.

鑿互牖以為室, 當其無, 有室之用.

창문을 내어 집을 지을 때 벽과 지붕을 두른 집의 안쪽 부분을 비워야 사람이 살 수 있고, 사는 데 필요한 물건들도 들여놓을 수 있습니다. 벽과 지붕을 두른 집은 있어야 하지만 그 안을 비워두지 않으면 집이 아니듯이 말입니다.

11-4: 그러므로 있음으로써 이롭게 되고, 없음으로써 쓰이게 되는 것이다.

故有之以為利, 無之以為用.

예로부터 내려오는 도리를 이해하기 쉽게 설명하기 위해 왜 수사가 필요한지 그리고 노자가 왜 수사의 대가인지 여기서도 확인할 수 있습니다. 세상의 모든 이치는 있음이 존재하기 때문에 이로움을 주는 것이고, 또 없음이 존재하기 때문에 세상에 쓰임이 있게 됩니다. 그러므로 한쪽만 존재해서는 안 되고 반드시 양쪽이 존재해야 하는데, 이 역시 음과 양이 공존해야 한다는 음양학의 기본 틀이 되죠.

다만 한 가지 주의해야 할 점은 노자가 서로의 차이를 인정하지 않고 무조건 똑같아져야 한다는 일률적인 하향 평준화를 외치고 있지는 않다는 사실입니다. 그가 강조하는 것은 각각의 구성원들이 서로의 차이를 인정하면서도 조화를 이루며 공존하는 사회이니까요.

MBC에서 1986년 11월부터 1994년 11월까지 방영된 <한 지붕 세 가족>은 서로 다른 배경을 지닌 세 가족이 한집에 살면서 갈등하고 화해하며 평범하게 살아가는 이야기를 담은 드라마였습니다. 22년을 방영한 장수 드라마였는데, 큰 인기를 끌었던 주된 이유는 젊은 부부부터 노년층까지 각 세대의 심리를 사실적으로 반영했기 때문도

있지만, 무엇보다도 은행 일본 지점장부터 카센터 사장, 건축회사 영국 지점장, 만화가, 만물 수리점 사장, 파출부, 유명 패션 디자이너, 세탁소 사장 등 다양한 구성원들이 서로 수준이 다름을 인식하면서도 무시하지 않고 조화롭게 지내는 모습을 담았기 때문이었습니다. 이와 관련하여 공자의 발언을 살펴보겠습니다.

13-23: 공자가 말씀하셨다. "군자는 서로 수준이 다른 이들과 함께 어우러져 조화롭게 지내지만, 그들과 같은 수준으로 합쳐져서 구별이 없이 똑같아지지는 않는다. 하지만 피지배계급인 소인은 다른 이들과 같은 수준으로 합쳐져서 없이 똑같아질 뿐, 서로의 수준이 다름을 인식하면서도 함께 어우러져 조화롭게 지내지 못한다."

子曰: "君子和而不同, 小人同而不和." -『논어』

하지만 공자의 말처럼, 어떤 이들은 서로 다름을 인정하려 들지 않습니다. 서로 다름은 불평등을 뜻하므로, 차라리 다 같은 수준으로 합쳐져서 똑같아져야 한다고 주장합니다. 그렇다면 왜 그들은 이처럼 사회에 분노하는 걸까요? 약자층의 삶이 사회에서 차별과 냉대를 받아서, 부정적인 문제점들로 드러났기 때문이죠. 만약 기득권층이 약자

층의 삶을 존중하면서 서로 각자의 길을 간다면, 약자층의 삶이 사회의 부정적인 문제점으로 대두되지 않게 되고, 그렇게 되면 <한 지붕 세 가족>에서 보았던 과거처럼 우리 사회는 다시 조용히 흘러가게 될 겁니다.

한 가지 재미있는 사실은, 이러한 포용의 조화로움(和)이 노자가 처음으로 외친 또는 그만의 유일한 가치관이 아니라는 점입니다. 관중과 포숙아의 우정을 뜻하는 성어 '관포지교(管鮑之交)'로 유명한 제(齊)나라의 재상 관중(管仲) 역시 저서 『관자』「형세해」 편에서 다음과 같이 언급한 바 있죠.

> 바다는 유입되는 물의 좋고 나쁨을 가리지 않기에, 고로 그 거대함을 이룰 수 있다. 산은 토석의 좋고 나쁨을 가리지 않기에, 고로 그 높음을 이룰 수 있다. 뛰어난 군주는 사람의 좋고 나쁨을 가리지 않기에, 고로 그 무리를 이룰 수 있다.

> **海不辭水, 故能成其大. 山不辭土石, 故能成其高. 名主不厭人, 故能成其衆.**
> **-『관자(管子)』「형세해(形勢解)」**

여러분은 벌써 눈치를 챘을 수도 있지만, 노자의 사상은 결코 그의 독창적인 관점이 아닙니다. 물론 공자의 사상도 마찬가지죠. 노자와 공자는 그저 예로부터 내려오는 도(道) 즉 참된 리더십을 오롯이 우리에게 전달하려고 노력함으로써, 기버(giver: 기억 전달자)의 역할을 충실히 수행했을 뿐입니다. 바꿔 말해서 노자는 도가 사상의 창시자가 아니고, 공자 역시 유가 사상의 창시자가 아닙니다.

그렇다면 노자와 공자가 우리에게 전하고자 하는 말뜻은 뭘까요? 이를 현대적으로 풀이하면 다음과 같습니다. "좋은 것만을 취하려 들고 그렇지 못한 것은 배척하여 버리려 든다면, 이 세상은 아름다운 세상이 될까? 가진 이들만 대접하고 그렇지 못한 취약 계층들을 무시하여 돌보지 않는다면, 이 세상은 가진 이들만 존재하는 세상이 될 수 있을까? 돈과 권력만 있으면 안 될 것이 없다고 생각하는 이들에게 묻고 싶다. 그 돈과 권력을 사용할 수 있는 대상이 없다면, 그러한 돈과 권력이 여전히 효용 가치가 있느냐고 말이다. 부릴 사람이 없으면 결국 내가 직접 소매를 걷어붙이고 하는 수밖에 없다."

3. 조화로움(和)의 조건

그런데 조화로움(和)을 통한 '상생'과 '공존'을 실현하기 위해서는 하나의 전제가 필요한데, 바로 어느 한쪽이 아닌 반드시 쌍방이 필요하다는 사실입니다. 그렇다면 진정한 의미로서의 '상생'과 '공존'은 과연 누가 먼저 시작해야 하는 걸까요? 이 질문에 대해서, 노자는 61장에서 다음처럼 답하고 있습니다.

61-1: 대국은 하류이므로, 세상이 뒤섞이는 지점이자, 세상의 모성이다.

大國者下流, 天下之交, 天下之牝.

하류에 있는 물이 상류에서 흘러들어오는 모든 물줄기를 포용하듯이, 큰 나라는 아래에 위치하여 모두를 다 아울러서 포용합니다. 바로 이것이 큰 나라가 부드러움과 자애로움으로 대표되는 모성으로 비유되는 이유인데요. 물은 위에서 아래로 흐릅니다. 상류에 있는 물줄기는 가늘지만 하류에 있는 것은 물줄기가 굵거니와 그 면적도 커지죠. 그리고 면적이 큰 것은 대국입니다. 따라서 노자에게 있어서 하류의 드넓은 물줄기와 면적은 대국을 연상시키는 메타포가 됨을 알 수 있습니다. 나아가 이는 끊임없이 흘러들어오는 물줄기들을 묵묵히 받아들여서 얻은 결과이기 때문에, 자애로움의 자(慈)를 연상시키는 메타포가 되기도 합니다.

61-2: 모성이 항상 고요함으로 부성을 제압하는 것은, 고요함으로 아래에 처하기 때문이다.

牝常以靜勝牡, 以靜為下.

부드러움과 자애로움으로 대표되는 모성이 강함과 엄격함으로 대표되는 부성을 제압하고 위에 있을 수 있는 이유는, 바로 아래에서 묵묵히 포용하기 때문입니다.

61-3: 그러므로 대국은 소국에게 낮춤으로써 곧 소국을 얻고, 소국은 대국에게 낮춤으로써 곧 대국을 얻는다.

故大國以下小國, 則取小國; 小國以下大國, 則取大國.

따라서 큰 나라는 작은 나라에 몸을 낮춤으로써 작은 나라가 따르게 하고, 작은 나라는 큰 나라에 몸을 낮춤으로써 큰 나라의 지지를 얻을 수 있으므로, 삼가 서로가 존중해야 합니다.

노자가 살던 당시는 춘추시대였으므로, 본문의 대국과 소국은 각각 천자의 나라인 주나라와 제후국들의 관계로 이해해야 하겠죠. 하지만 경제와 군사 위주로 돌아가는 지금 이 시대의 판도로 본다면, 대국은 미국과 중국, 러시아로 그리고 소국은 이들을 둘러싼 여러 나라로 해석해도 큰 문제가 없지 않을까요?

61-4: 그러므로 낮춤으로써 얻게 되고, 낮추지만 얻는다.

故或下以取, 或下而取.

따라서 대국은 소국에 낮춤으로써 소국이 대국을 따르게 하고, 소국은 대국에 낮춤으로써 대국의 지지를 얻게 됩니다.

61-5: 대국은 마땅히 사람을 포용하여 사랑해야 할 따름이고, 소국은 마땅히 사람에 들어가 섬겨야 할 따름이다.

大國不過欲兼畜人, 小國不過欲入事人.

큰 나라는 작은 나라를 자애로움으로 포용해야 하고, 작은 나라는 큰 나라를 믿고 따라야 합니다.

61-6: 무릇 양자는 각기 그 바라는 바를 얻게 될 것이니, 대국은 마땅히 아래에 처해야 한다.

夫兩者各得其所欲, 大者宜為下.

그렇게 되면 큰 나라와 작은 나라 모두 각자가 원하는 바를 얻게 될 것인데, 모든 일에는 반드시 순서가 있습니다. 그렇게 되려면, 먼저 큰 나라가 자신을 낮춰야 한다는 거죠.

바로 여기서 '상생'과 '공존'의 조화로움(和)을 위한 전제 조건이 드러납니다. 노자는 큰 나라가 먼저 몸을 낮춰서 작은 나라를 배려해야 한다고 말하죠. 그래야 비로소 작은 나라 역시 큰 나라를 믿고 진심으로 따르게 된다는 겁니다.

키 큰 어른과 키 작은 아이가 함께 길을 가는데, 아이가 어른에게 말을 걸었습니다. 그런데 아이의 말소리가 잘 들리지 않는다면, 어른은 어떻게 해야 할까요? 아이에게 말소리가 잘 안 들리니 좀 더 큰 소리로 말하라고 하거나, 어디 높은 곳으로 올라가서 자기 귀에다 정확하게 말하라고 해야 할까요? 아니면 어른인 자기가 먼저 허리와 무릎을 굽혀서 몸을 낮추고 아이의 말에 귀를 기울여야 할까요?

제7장

인의예악(仁義禮樂): 중(中)과 화(和)의 세분화

제7장
인의예악(仁義禮樂): 중(中)과 화(和)의 세분화

앞에서 가정이 화목(和)하면, 아랫사람에게 요구되는 효(孝)와 윗사람에게 요구되는 자애로움의 자(慈)라는 개념은 존재할 수 없다고 했습니다. 따라서 무위자연의 하늘의 도(天道)를 추구한 노자는 어짊과 의로움(仁義)보다 근본이 되는 효도와 자애로움(孝慈)으로 돌아가야 한다고 했고, 나아가 궁극적으로는 그보다 더 근본이 되는 조화로움(和)으로 돌아가야 한다고 강조한 거죠.

하지만 애써 바로잡아야 하는 사람의 도(人道)를 추구한 공자는, 잘못을 바로잡아서 혼란스러운 세상을 극복하기 위해서는 부득이하게 근본 원칙을 세분하고 강화하여 통제해야 한다고 외쳤습니다. 원칙주의자로서 통제의 명분을 세분하여 강화하는 것에 반대한 노자와 달리, 공자는 통제의 명분을 세분하여 강화하는 것에 대해서 찬성한 겁니다.

따라서 중(中)과 화(和)라는 원칙만 강조하는 하늘의 도와 달리, 공자는 중(中)과 화(和)라는 대원칙이 무너졌으므로 이를 세분화하고 강화하여 사람들을 바로잡아야 한다고 요구했습니다. 그것이 바로 인의예악(仁義禮樂)인데요. 이제 이 네 가지에 대해서 구체적으로 살펴보겠습니다.

1. 도(道)의 내용과 형식

덕(德)의 두 구성 요소는 중(中)과 화(和)입니다. 그렇다면 공자는 구체적으로 무엇과 무엇을 대상으로 한쪽으로 치우치지 말고(中) 또 어느 하나 버리지 않고 함께 해야 한다(和)고 말하는 걸까요? 이제 이와 관련하여 다음 기록을 살펴보겠습니다.

> 12-8: 위나라 대부 극자성이 말했다. "군자는 도의 내용만 중시하면 됐지, 어찌 형식까지 신경 쓰는가?" 자공이 말씀하셨다. "애석하게도, 어른께서는 그렇게 군자를 말하시는군요! 네 마리 말이 세 치 혀 하나를 따르지 못하듯, 내용이 때로는 형식을 따르지 못합니다. 도의 형식은 도의 내용과 떨어질 수 없고, 도의 내용 역시 도의 형식과 떨어질 수 없습니다. 이는 호랑이와 표범의 가죽에 화려한 무늬의 털이 없다면, 개나 양의 털을 뽑아놓은 가죽과 구별할 수 없는 것과도 같은 이치입니다."

> **棘子成曰: "君子質而已矣, 何以文爲?" 子貢曰: "惜乎, 夫子之說君子也! 駟不及舌! 文猶質也, 質猶文也. 虎豹之鞹猶犬羊之鞹."** - 『논어』

군자는 도(道)를 배우고 부단히 노력하여 실천하는 올바른 지도자입니다. 그런데 극자성은 참된 지도자는 도(道)의 내용만을 중시하면 된다고 말하는 반면, 공자의 제자 자공은 도(道)의 내용과 형식을 함께 병행해야 한다고 반박하고 있죠. 따라서 자공은 여기서 도의 내용과 형식은 어느 한쪽으로 치우치지 말아야 하고(中), 또 어느 하나 버리지 않고 함께 해야 한다(和)고 말하는 것임을 알 수 있습니다. 그렇다면 과연 도(道)의 내용에는 어떤 것들이 있고, 또 그 형식이 되는 것에는 어떤 것들이 있는 걸까요? 먼저 다음 구절을 보겠습니다.

> 어짊(仁)이라는 것은 의로움(義)의 근본이고, 또 순응하는 방식이 된다.
>
> **仁者, 義之本也, 順之體也.** -『예기』「예운(禮運)」

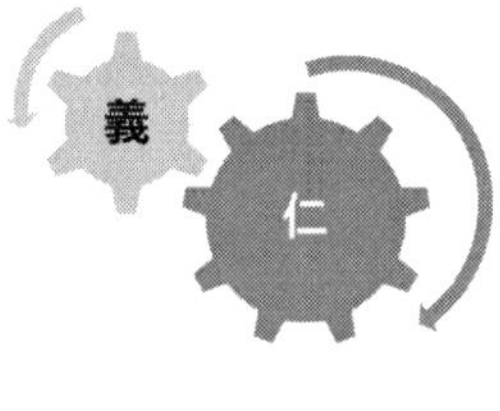

仁(인)과 義(의)의 관계

이를 통해서 어짊(仁)은 그 주된 특징이 순응하는 것이고, 나아가 의로움(義)의 바탕이 됨을 알 수 있습니다. 즉 의로움(義)은 어짊(仁)이 없으면, 단독으로 존재할 수 없죠. 또 다음 기록을 살펴보겠습니다.

> 어짊(仁)을 중시하는 이는 의로움(義)이 부족해지므로, 백성들이 그를 가까이 하지만 공경하지는 않는다. 반면 의로움(義)을 중시하는 이는 어짊(仁)이 부족해지므로, 백성들이 그를 공경하지만 가까이하지는 않는다.
>
> **厚於仁者, 薄於義, 親而不尊; 厚於義者, 薄於仁, 尊而不親.**
> -『예기』「표기(表記)」

도는 중(中)과 조화로움(和)을 실천해야 하므로, 강함과 부드러움 어느 한쪽만 선택하거나 치우치지 않고 균형을 갖춰야 합니다. 다시 말해서 지도자가 부드러움의 어짊(仁)만 강조하면 백성들이 편하게 다가서지만 공경하지는 않는 반면, 지도자가 강함의 의로움(義)만 강조하면 백성들이 어려워하여 공경하지만 편하게 다가서지는 않는다는 거죠. 즉 강함과 부드러움을 조화롭게 하는 것이 참된 리더십이라는 겁니다. 이처럼 어느 한쪽으로 치우치지 않는 중(中)과 어느 하나 버리지 않고 함께 하는 조화로움(和)은 비단 도의 내용과 형식에만 적용되는 것이 아니라, 부드러움의 어짊(仁)과 강함의 의로움(義)에도 필요합니다.

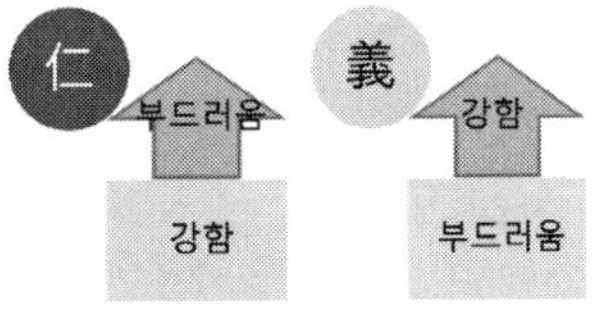

仁(인)과 義(의)의 관계

그런데 다음 구절을 보면, 어짊(仁)과 의로움(義)만으로는 부족하다는 것을 알 수 있습니다.

'도'와 '덕' 그리고 어짊(仁)과 의로움(義)은 예(禮)가 아니면 완성시킬 수 없다.

道德仁義, 非禮不成. - 『예기』「곡례상(曲禮上)」

따라서 어짊(仁)과 의로움(義)의 도를 살피는 데는, 예(禮)가 그 근본이 된다.

故君子欲觀仁義之道, 禮其本也. - 『예기』「예기(禮器)」

즉 어짊(仁)과 의로움(義)만으로는 도에 도달할 수 없으므로, 이 두 가지에 예(禮)가 더해져야 하죠. 그렇다면 어짊(仁)과 의로움(義) 그리고 예(禮)에는 어떤 관련이 있을까요?

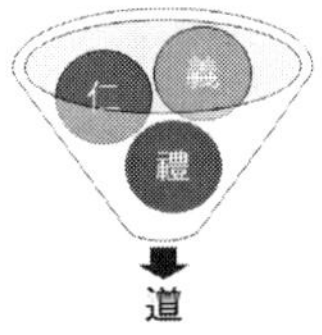

仁義禮(인의예)의 관계

> 의로움(義)의 이치는 예(禮)로서 채색하는 것이다. 근본이 없으면 확고하게 설 수 없고, 채색함이 없으면 행할 수 없다.

> 義理, 禮之文也. 無本不立, 無文不行. - 『예기』「예기(禮器)」

이 말은 어짊(仁)과 의로움(義) 그리고 예(禮)는 모두 '도'의 구성 요소이고, 이 중 어느 하나라도 부족하면 '도'에 이를 수 없다는 뜻입니다.

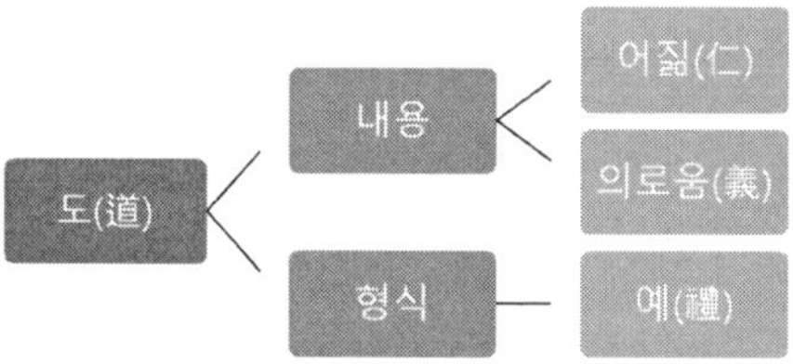

특히 흰 도화지에 채색을 한다는 비유의 수사를 써서, 흰 도화지는 본질이 되는 '도'의 내용인 반면 채색하는 것은 '도'의 형식이라고 설명하고 있죠. 이를 통해서 의로움(義)은 '도'의 내용이 되는 반면, 예(禮)는 '도'의 형식이 됨을 알 수 있습니다. 물론 어짊(仁)과 의로움(義)은 떼려야 뗄 수 없는 관계에 있으므로, 여기서 말하는 의로움(義)에는 어짊(仁)이 포함된 것으로 봐야 합니다. 그리고 이런 개념은 다음 구절을 통해서도 확인할 수 있는데요.

> 3-8: 자하가 물으셨다. "『시경』「위풍(衛風) · 석인(碩人)」에서 '어여쁜 미소가 환하고, 아름다운 눈은 흰색과 검은색이 분명하네.'라고 하였는데, 이는 흰색으로 밝게 비춘다는 것이니, 무슨 뜻입니까?" 공자가 말씀하셨다. "흰 바탕이 있은 후에야 그림을 그릴 수 있네." 자하가 물으셨다. "흰 명주를 갖춘 다음에 그림을 그

릴 수 있듯이, 먼저 내용이 되는 어짊(仁)과 의로움(義)을 실천하고 그다음에 형식인 예(禮)로서 그것을 수식해야 비로소 완전해진다는 뜻입니까?" 공자가 말씀하셨다. "자하 네가 새로운 연상 능력으로 나를 일깨우는구나. 이제 비로소 너와 함께 『시경』을 말할 수 있겠구나."

子夏問曰: "'巧笑倩兮, 美目盼兮.' 素以爲絢兮, 何爲也?" 子曰: "繪事後素." 曰: "禮後乎?" 子曰: "起予者, 商也. 始可與言詩已矣." -『논어』

여기서도 오늘날의 흰 도화지에 해당하는 흰 명주를 먼저 준비한 다음에야 채색할 수 있다는 비유법을 써서, 어짊(仁)과 의로움(義)은 '도'의 내용이 되는 반면 예(禮)는 '도'의 형식이 된다고 설명하고 있음을 알 수 있습니다. 참고로 종이는 한(漢)나라 때 발명된 것이라서, 공자가 살던 시기에는 하얀 명주 천을 종이처럼 사용했죠.

그런데 다음 기록을 보면, 공자는 도의 내용인 어짊(仁)과 의로움(義)을 먼저 실천하고 난 후에 형식인 예(禮)로 완성시켜야 한다고 강조하고 있습니다.

3-3: 공자가 말씀하셨다. "사람이 도의 내용이 되는 어짊(仁)을 실천하지 못하면, 도의 형식이 되는 예(禮)를 어디에다 쓰겠는가? 사람이 어짊(仁)을 실천하지 못하면, 도의 또 다른 형식인 음악(樂)을 어디에다 쓰겠는가? 내용이 있은 후에야 형식이 존재할 수 있다. 도의 내용을 실천하지 못하면, 도의 형식이 되는 예(禮)와 악(樂) 즉 예악제도(禮樂制度)는 존재 의의가 없다."

子曰: "人而不仁, 如禮何? 人而不仁, 如樂何?" -『논어』

앞에서 설명했듯이 어짊(仁)과 의로움(義)은 '도'의 내용인 반면, 예(禮)는 '도'의 형식이 됩니다. 그런데 공자는 여기서 왜 갑자기 음악(樂)

을 얘기하고 있을까요? 이제 다음 기록을 살펴보겠습니다.

어짊(仁)은 음악(樂)에 가깝고, 의로움(義)은 예(禮)에 가깝다.

仁近於樂, 義近於禮. -『예기』「악기(樂記)」

예(禮)의 앞으로 나아감과, 음악(樂)의 뒤로 물러남은 그 뜻이 하나이다.

禮之報, 樂之反, 其義一也. -『예기』「악기(樂記)」

이는 성격상 어짊(仁)과 음악(樂)은 부드러움에 속하고, 의로움(義)과 예(禮)는 강함에 속한다는 뜻입니다. 특히 앞으로 나아가는 것은 강함을, 뒤로 물러나는 것은 부드러움을 상징하죠. 따라서 어짊(仁)과 의로움(義)은 도의 내용이 되는 반면 예(禮)와 음악(樂)은 도의 형식이 되는데, 이들의 특징을 살펴서 도표로 정리하면 다음과 같습니다.

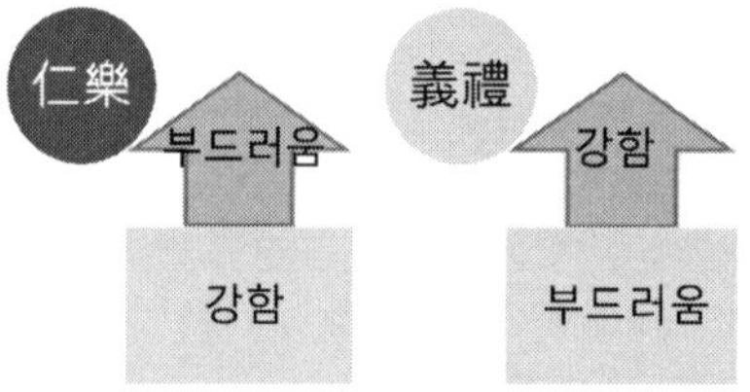

仁樂(인악)과 義禮(의예)의 관계

좀 더 구체적으로 말해서, 도(道)의 내용이 되는 부드러움의 어짊(仁)과 강함의 의로움(義)이 조화를 이뤄서 떨어질 수 없듯이, 도(道)의 형식인 강함의 예(禮)와 부드러움의 악(樂) 역시 상호 불가분의 관계에 놓임으로써 진정한 조화로움(和)을 이뤄야 한다는 겁니다.

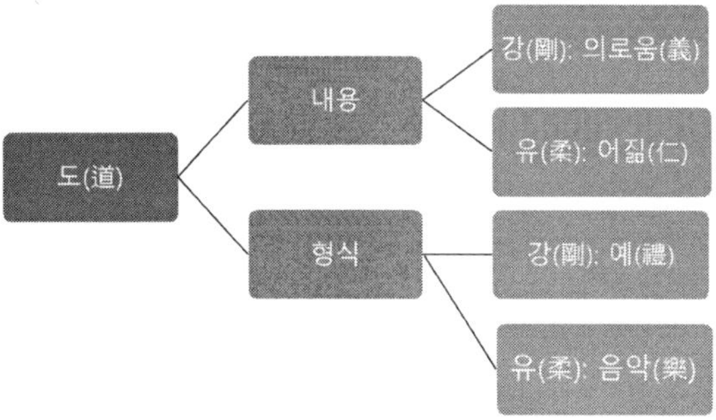

앞에서 흰 명주를 갖춘 다음에 그림을 그릴 수 있듯이, 먼저 내용이 되는 어짊(仁)과 의로움(義)을 실천하고 그다음에 형식인 예(禮)로서 그것을 수식해야 비로소 도를 완성할 수 있다고 했습니다. 하지만 이 말은 도의 내용이 형식보다 더 중요하다는 것을 의미하지는 않음에 유의해야 합니다. 여기서 다음 구절의 의미를 다시 음미해보죠.

따라서 어짊(仁)과 의로움(義)의 도를 살피는 데는, 예(禮)가 그 근본이 된다.

故君子欲觀仁義之道, 禮其本也. -『예기』「예기(禮器)」

비록 공자는 도(道)의 내용을 먼저 실천한 후에 도(道)의 형식으로 그것을 보필한다고 말했지만, 이는 어디까지나 실천의 순서일 따름이지 결코 경중(輕重)의 차이를 의미하는 건 아니라는 겁니다. 왜냐면 도의 내용이 없으면 형식 역시 존재할 수 없고, 형식이 없으면 내용 역시 온전하게 제 역할을 다 할 수 없기 때문이죠. 이것이 바로 진정한 조화로움(和)입니다.

2. 어짊(仁)의 의미

어짊(仁)의 1차적 의미: 진심으로 섬기고 따르는 자세

가정이 화목(和)하면 굳이 아랫사람과 윗사람에게 어떻게 행동해야 한다고 요구할 필요가 없다고 했습니다. 가정에 불화(不和)가 생겨야 비로소 윗사람의 도리(慈)와 아랫사람의 도리(孝)로 세분하여 사람들에게 요구하게 됩니다.

어질 인(仁)은 '사람 인(人)'과 '위 상(二: 上의 옛 모양)'이 합쳐진 글자입니다. 사람이 위를 향하는 자세를 뜻하죠. '위 상(二)'이 '위 상(上)'의 옛 모양이라는 점에 대해서는 예(禮)를 설명할 때 좀 더 자세히 다루겠습니다.

특히 지금과 달리 '사람 인(人)'의 원래 모양은 다리를 벌리고 서 있는 사람의 모습이 아닌, 두 손을 가지런히 모으고 공손함을 표하는 예(禮)를 갖춘 모습임에 유의해야 합니다. 즉 예(禮)를 갖출 줄 알아야 비로소 사람이

라는 뜻이 되죠. 그래서 공자는 사람과 동물을 구별하는 기준이 예(禮)의 유무에 달렸다고 말하기도 했습니다.

앵무새는 말할 수 있지만 조류를 벗어나지 못하고, 성성이(오랑우탄)는 말할 수 있지만 짐승을 벗어나지 못한다. 이제 사람에게 예(禮)가 없으면, 비록 말할 수 있어도, 역시 동물의 마음이 아니겠는가? 무릇 동물은 예(禮)가 없기 때문에, 아비와 아들이 암컷을 공유하고 있는 것이다. 이러한 까닭에 성인이 나서서 예(禮)를 만듦으로써 사람을 가르치고, 사람으로 하여금 예(禮)가 있도록 함으로써 스스로 동물과는 다름을 알게 한 것이다.

鸚鵡能言, 不離飛鳥 猩猩能言, 不離禽獸. 今人而無禮, 雖能言, 不亦禽獸之心乎? 夫唯禽獸無禮, 故父子聚麀. 是故聖人作, 爲禮以敎人, 使人以有禮, 知自別於禽獸.
-『예기』「곡례상(曲禮上)」

그러므로 어짊(仁)은 먼저 집 안에서 부모에게 효도(孝)하고 집 밖에서 윗사람을 공경(悌)한 후에, 사회에 나아가 신하가 되어 자신의 상관과 임금을 진심으로 섬기고 따르는 자세를 뜻합니다. 바꿔 말해서 기본이 되는 효도와 공경함에 힘쓴 후에야 비로소 어짊(仁)을 행할 수 있다는, 집 마을 사회의 순으로 점차 확장해가는 순서를 밟아야 하죠.

이렇게 설명하고 나니, 어쩌면 어짊(仁)이 '복종'이라는 의미로 풀이될 수 있을 것 같기도 합니다. 그런데 복종이라는 단어는 진심을 다하는 긍정적 의미의 순종(順從)으로 풀이할 수도 있지만, 부정적 의미의 아첨 아부 또는 맹목적으로 따르는 맹종(盲從)으로 받아들여지기도 하죠. 이에 대해서 공자는 먼저 어짊(仁)이 아첨, 아부가 아님을 분명히 하고 있습니다.

1-3/17-17: 공자가 말씀하셨다. "상관, 나아가 임금을 기만하거나 아첨하는 것이 아니라, 진심이 담긴 말과 진솔한 얼굴빛으로 대해야 한다. 만약 그렇지 못하면, 그는 상관과 임금을 진심으로 섬기고 따르는 어진(仁) 자가 아니다."

子曰: "巧言令色, 鮮矣仁." -『논어』

공자는 어진(仁) 신하란 사리사욕을 탐하거나 상관, 나아가 임금에게 아첨해서는 안 된다고 경고하고 있습니다. 임금이 옳은 길을 걷도록 바른말로 인도해야 하는 거죠. 이와 관련하여 『상서』=『서경』의 두 기록을 살펴볼 텐데, 여섯 명의 군자 중 하나였던 상나라 탕임금을 보필하던 재상 이윤은 중국 역사상 대표적인 충신 중 하나로 손꼽힙니다. 이제 이윤의 발언을 통해서, 신하가 마땅히 해야 할 충언이란 어떤 것인지 가늠해보겠습니다.

이윤이 이에 말했다. "선왕께서는 먼동이 틀 무렵 엄숙하게 모습을 드러내 앉아서 아침을 기다리셨고, 뛰어난 인재와 훌륭한 선비들을 두루 찾아 구해서 뒷사람들을 가르쳐 길을 여셨으니, 임금께서 이제 그 명을 어겨서 스스로 배반하지 마십시오. 신중하여 이에 검소한 덕을 행하시고, 원대한 계획을 품으십시오. 경험이 많고 능숙한 사냥꾼이 화살을 활시위에 얹고 화살 끝이 법도에 맞는지 살펴 신중하게 활을 발사하는 것처럼, 그 행동거지를 공경하고 이에 선조가 행하신 바를 따르면, 제가 그럼으로써 기쁘고 또 만세에 임금의 말씀이 남을 것입니다."

伊尹乃言曰: "先王昧爽丕顯, 坐以待旦, 旁求俊彦, 啓迪後人, 無越厥命以自覆. 愼乃儉德, 惟懷永圖. 若虞機張, 往省括于度, 則釋, 欽厥止, 率乃祖攸行. 惟朕以懌, 萬世有辭." -『상서』「태갑상(太甲上)」

"임금이 교묘한 말에 휘둘려서 예로부터 내려오는 바른 정치를 어지럽히지 않고, 또 신하가 총애와 이익 때문에 공을 세우는 것에 집착하지 않으면, 나라가 오래도록 아름답게 빛날 것입니다."

"君罔以辯言亂舊政, 臣罔以寵利居成功. 邦其永孚于休."

-『상서』「태갑하(太甲下)」

또 어짊(仁)이 상관 나아가 임금의 명령을 맹목적으로 따르는 맹종으로 받아들여질 수도 있다고 했는데요. 그래서인지 공자의 제자 재아는 이렇게 질문하기도 했습니다.

6-24: 재아가 물으셨다. "어떤 사람이 어진(仁) 사람에게 '우물 속에 어짊(仁)의 도리가 있소'라고 말하면, 어진 사람은 바로 우물 속으로 들어가야 합니까?" 공자가 말씀하셨다. "어찌 그럴 수 있겠느냐? 어짊(仁)을 따르는 사람은 그 말을 듣고 우물가에 갈 수는 있겠지만, 도의 다른 구성 요소들로 행동을 절제하고 통제해서 결코 우물 안에 빠지지는 않는다. 잠시 속일 수는 있겠지만, 어리석은 행동으로 이어지게 하진 않는다."

宰我問曰: "仁者, 雖告之曰: '井有仁焉', 其從之也?" 子曰: "何爲其然也? 君子, 可逝也, 不可陷也; 可欺也, 不可罔也." -『논어』

공자가 말하고자 한 바가 무엇인지를 이해하기 위해서는, 다음 구절의 의미를 함께 이해해야 합니다.

17-8: 임금을 진심으로 섬기고 따르려고(仁) 하지만 '도'의 형식인 예(禮)를 배워서 절제하지 못하면, 공정하게 판단하지 못해서 그저 맹목적으로 추종하게 된다.

好仁, 不好學, 其蔽也, 愚. -『논어』

어짊(仁)만 강조하면 객관적으로 판단하지 못하고 임금을 맹목적으로 추종하게 됩니다. 따라서 보기에 따라서는 어짊(仁)이라는 것이 맹종처럼 보일 수 있는 겁니다. 하지만 '도'의 다른 구성 요소들과 유기적으로 조화로움(和)을 이루게 되면, 결코 잘못된 판단으로 이어지지 않죠. 도의 내용인 어짊(仁)만 강조하면 맹종으로 이어질 수 있지만, 도의 형식인 예(禮)로서 지나치거나 모자라지 않도록 통제하면 맹종의 자세를 막을 수 있다는 겁니다.

어짊(仁)의 2차적 의미: 나라와 백성의 안위를 위하는 자세

이처럼 어짊(仁)은 집 안에서 부모에게 효도(孝)하고 집 밖에서 윗사람을 공경(悌)하는 자세를 배운 후에, 궁극적으로는 신하가 되어 조정에서 상관과 임금을 진심으로 섬기고 따르는 자세입니다. 그렇다면 어진 사람은 자신이 섬기는 사람이 죽게 되면 어떡해야 할까요? 공자와 제자 자로의 대화를 살펴보겠습니다.

> 14-16: 자로가 말씀하셨다. "제나라 환공이 공자 규를 죽였는데, 공자 규를 따르던 소홀은 죽었지만 관중은 죽지 않았습니다." 이어서 말씀하셨다. "따라서 관중은 어질지 못한 것이 아니겠습니까?" 공자가 말씀하셨다. "환공이 아홉 번이나 제후들을 불러 모았지만, 무력을 써서 그들을 불러 모으지 않은 것은 관중의 힘이다. 따라서 그는 어질다고 할 수 있다. 어질다고 할 수 있다!"

> 子路曰: "桓公殺公子糾, 召忽死之, 管仲不死." 曰: "未仁乎?" 子曰: "桓公九合諸侯, 不以兵車, 管仲之力也. 如其仁, 如其仁." -『논어』

제(齊)나라 양공(襄公)은 자기 여동생인 노나라 환공의 부인과 사통하다가 발각되자 환공을 죽이는 등, 제나라를 혼란에 몰아넣은 대단히 무도(無道)한 인물이었습니다. 양공의 두 동생인 공자 규와 공자 소백은 각각 노나라와 거나라로 피신했다가 양공이 시해당하자 돌아와 왕위를 두고 다투었는데, 이때 관중은 공자 규를 그리고 포숙아는 공자 소백을 각각 섬기고 있었죠. 한번은 대부 소홀이 관중에게 소백을 죽이라고 하자 관중은 소백에게 활을 쏘았는데, 그 활이 허리띠에 맞아서 소백은 목숨을 구할 수 있었습니다. 결국 소백이 왕권을 잡게 되었으니 그가 바로 제나라 환공인데, 이에 공자 규와 소홀은 죽임을 당했고 관중 역시 사형을 당할 처지가 되었습니다. 하지만 포숙아가 나서서 "임금께서 제나라에 만족하신다면 저 하나로 충분할 것이나, 천하의 패왕이 되고자 하신다면 관중 외에는 인물이 없을 것입니다."라고 간언했고, 관중은 포숙아 덕분에 제나라 재상이 되어 환공을 제후들 중에서 가장 힘 있는 인물로 만들었습니다.

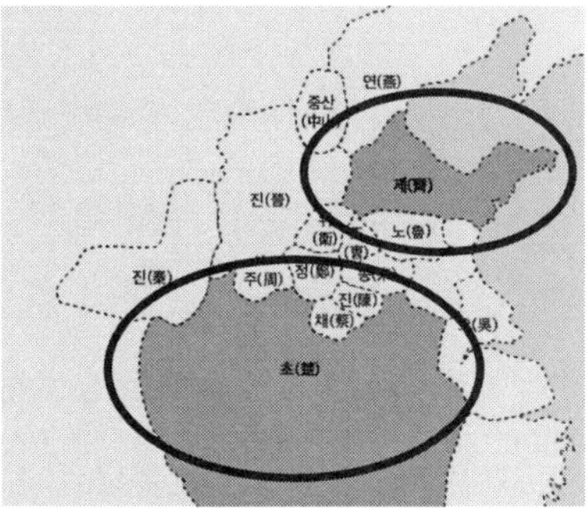

당시는 남쪽의 오랑캐가 세운 초나라가 강력한 군대를 이끌고 북벌을 하고 있을 때였습니다. 이를 저지하기 위해서 북쪽에 있는 한족(漢族) 제후국들은 힘을 합쳐야 했는데, 제후 한 명이 같은 지위에 있는 제후들을 그것도 아홉 번이나 불러 모으는 건 사실 불가능했습니다. 하지만 그들은 초나라를 저지하기 위해서 뭉쳐야 했고, 또 가장 영향력 있는 제나라가 불러 모았기 때문에 다른 제후들이 응한 거죠. 관중이 아니었다면 환공은 패자가 될 수 없었을 것이고, 그럼 다른 제후들을 불러 모아 연합군을 만들어 초나라를 막아내지 못했을 겁니다.

그런데 또 다른 제자 자공 역시 자로와 마찬가지로, 어짊(仁)에 대해서 비슷한 선입관을 갖고 있었던 것 같습니다.

14-17: 자공이 말씀하셨다. "관중은 어진 사람이 아닙니다. 제나라 환공이 공자 규를 죽였는데 따라서 죽지 못했거니와, 심지어 제나라 환공을 도왔습니다." 공자가 말씀하셨다. "관중이 환공을 도와서 제후들을 장악하여 어지러운 천하를 바로잡았으므로, 백성들이 지금까지도 그 은혜를 받았던 것이다. 관중이 없었다면 우리 중국은 초나라에게 땅을 빼앗겼을 것이고, 그러면 중국의 백성들은 머리카락을 풀어헤치고 옷섶이 왼쪽으로 향하는 남쪽 오랑캐 문화를 받아들여야만 했을 것이다. 어찌 평범한 남자와 평범한 여자처럼 고집을 부려서, 스스로 목매어 다른 사람이 알지 못하도록 하는 게 옳다고 하겠는가?"

子貢曰: "管仲, 非仁者與. 桓公殺公子糾, 不能死, 又相之." 子曰: "管仲, 相桓公覇諸侯, 一匡天下, 民到于今受其賜. 微管仲, 吾其被髮左衽矣. 豈若匹夫匹婦之爲諒也, 自經於溝瀆而莫之知也?" -『논어』

뒤에서 구체적으로 설명하겠지만, 예(禮)에는 두 가지가 있습니다. 하나는 주례(周禮) 또는 주관(周官)으로도 불리는 것으로, 이는 오늘날의 관제(官制)와 의식(儀式) 등 국가 행사를 뜻합니다. 또 하나는 의례(儀禮)인데, 이는 가정 행사로서의 관혼상제에서의 예절을 뜻하죠. 의례(儀禮) 중 하나인 관례(冠禮)는 오늘날의 성인식입니다. 이날 성인이 된 젊은이는 상투를 틀고 갓을 쓰는 의식을 진행합니다. 하지만 오랑캐는 이런 문화가 없어서, 머리를 풀어헤치고 다녔죠.

옷섶이 왼쪽으로 향한다는 건 옷섶이 오른쪽에 있어서 왼쪽을 덮는다는 걸 의미합니다. 그런데 공자는 이게 왜 오랑캐 문화라고 말하는 걸까요? '왼 좌(左)'는 갈고리처럼 생긴 왼손으로 오른편의 '장인 공(工)' 즉 규격 규범을 장악했음을 나타내는 문자입니다. 반면 '오른 우(右)'는 갈고리처럼 생긴 오른손으로 '입 구(口)' 즉 말 명령을 장악했다는 의미를 지닙니다. 예로부터 동양은 말보다 행동이 중요하단 걸 부단히 강조해왔으므로, 왜 왼쪽을 더 중시했는지 알 수 있을 겁니다.

반면 옷섶이 오른쪽에서 왼쪽으로 향하면, 팔이 걸리적거리지 않아서 활을 쏘기에 편하죠. 이는 문(文)이 아닌 무(武)를 숭상하는 민족들의 전형적인 문화인 겁니다. 그래서 『도덕경』에서도 다음처럼 말하죠.

31-3: 군자는 자리함에 왼쪽을 귀히 여기고, 무기를 쓰는 이는 오른쪽을 귀히 여긴다.

君子居則貴左, 用兵則貴右.

31-7: 좋은 일은 왼쪽을 존중하고, 불행한 일은 오른쪽을 존중한다.

吉事尚左, 凶事尚右.

상술한 내용을 바탕으로 『논어』 14-17을 살펴보면, 관중은 환공을 제후들 중의 패자로 만들었고, 덕분에 환공은 제후들을 불러 모아 연합군을 만들 수 있었습니다. 그리고 마침내 초나라를 저지해서 예악 제도를 지킬 수 있었던 거죠. 특히 공자는 여기서 자기가 섬기는 상관이 죽었다고 따라 죽는 것은 하찮은 어짊(仁)일 뿐이고, 오히려 살아남아 대의를 지키는 것이 참된 어짊(仁)이라고 말합니다. 즉 참된 어짊(仁)이란 단순히 임금을 섬기는 데 그 목표를 두지 않고, 임금을 진심으로 따르고 섬김으로써 궁극적으로는 나라와 백성들을 평안하게 하는 겁니다.

3. 의로움(義): 자신이 처한 신분에서 마땅히 지켜야 할 바를 목숨을 걸고 지키는 것

의로움(義)이 무엇인지 파악하기 위해서는, 먼저 다음 구절을 살펴봐야 합니다.

> 모가 나 있지만, 상처를 입히지 않는 것이 의로움(義)이다.
>
> 廉而不劌, 義也. - 『예기』「빙의(聘義)」

모가 나 있다는 것은 매끄럽거나 부드럽지 않고, 뾰족하고 딱딱함을 뜻합니다. 따라서 의로움은 부드러움이 아닌 강함이 그 특징이 되죠. 그런데 자기나 타인을 다치게 하는 해로운 것은 아니라고 말합니다.

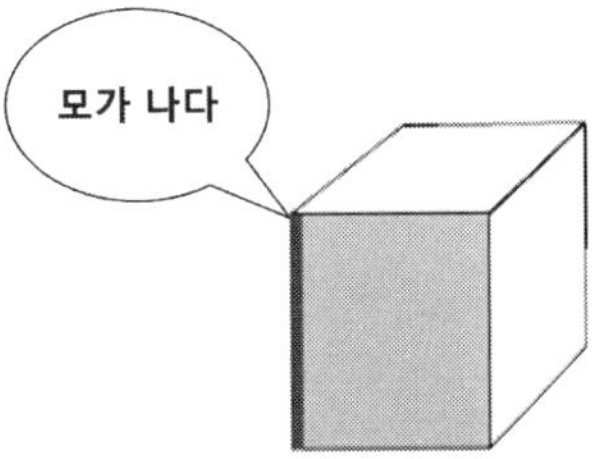

따라서 나라에 근심이나 재난이 있을 때 임금이 사직에 목숨을 거는 것을 의로움(義)이라고 한다. 대부가 종묘에 목숨을 거는 것을 변(變)이라고 한다.

故國有患, 君死社稷, 謂之義. 大夫死宗廟, 謂之變. - 『예기』「예운(禮運)」

그리고 의로움(義)이란 옳은 일에 목숨을 거는 자세임을 알 수 있는데, 그렇다면 무엇이 옳은 일일까요?

무엇을 의로움(義)이라고 하는가? 아버지는 자애롭고(慈), 아들은 효도하며(孝), 형은 자애롭고(良), 아우는 공경하며(悌), 남편은 합당한 행동을 하고(義), 아내는 순응하며(聽), 어른은 은혜를 베풀고(惠), 어린이는 따르며(順), 임금은 어질고(仁), 신하는 객관적이고 공정(忠)해야 하니, 이 열 가지를 사람의 의로움(義)이라고 일컫는다.

何謂人義? 父慈, 子孝, 兄良, 弟弟, 夫義, 婦聽, 長惠, 幼順, 君仁, 臣忠, 十者謂之人義. - 『예기』「예운(禮運」

의로움(義)에는 열 가지가 있는데, 이는 윗사람의 도리 다섯 가지와 아랫사람의 도리 다섯 가지로 나눌 수 있습니다.

즉 의로움(義)이라는 것은 '윗사람과 아랫사람이 각자 처한 자리에서 마땅히 행해야 할 도리를 옳다고

여기고, 또 목숨을 걸고라도 지키는 것'을 뜻하는 겁니다. 그런데 열 가지 의로움(義) 중에서 아랫사람의 다섯 가지 도리를 살펴보면, 이는 상관, 나아가 임금을 진심으로 섬기고 따르는 어짊(仁)과 같다는 인상을 지울 수 없습니다. 왜 그럴까요? 다음 구절을 다시 살펴보겠습니다.

> 어짊(仁)이라는 것은 의로움(義)의 근본이고, 또 순응하는 방식이 된다.
>
> 仁者, 義之本也, 順之體也. - 『예기』 「예운(禮運)」

즉 열 가지 의로움(義) 중에서 아랫사람의 도리는 사실상 어짊(仁)이 되는 것이므로, 순수한 의로움(義)은 바로 윗사람의 도리가 되는 겁니다.

'의로울 의(義)'는 창끝에 뿔 달린 양 머리를 매달고 그 창을 쥐고 있는 모습을 묘사한 문자입니다. 권위를 상징하는 창을 쥔 지도자를, 무리를 지키는 큰뿔양의 위풍당당한 모습에 비유한 단어죠.

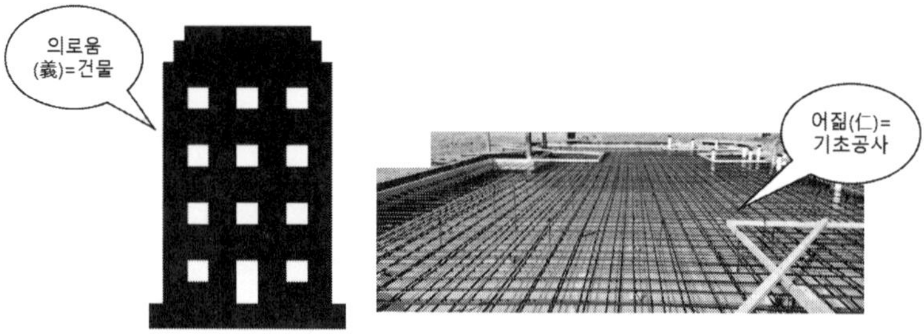

다만 의로움(義)은 어짊(仁)을 근본으로 해서 존재하므로, 이 둘은 떼려야 뗄 수 없는 관계에 있습니다. 마치 기초공사를 해야만 그 위에 건물을 올릴 수 있는 것처럼요. 그래서 아랫사람의 도리인 부드러움의 어짊(仁)과 윗사람의 도리인 강함의 의로움(義)을 합쳐서 열 가지라고 소개했음을 알 수 있습니다.

이처럼 공자는 상하(上下)의 서열을 명확하게 바로잡는 것이 무엇보다 중요하다고 생각했는데, 이와 관련하여 다음의 기록을 살펴보죠.

> 대부가 강하면 임금이 그를 죽이는 것이, 의로움이다. (이러한 강령은 노나라의) 삼환으로 말미암아 시작되었다.
>
> 大夫强而君殺之, 義也. 由三桓始也. -『예기』「교특생(郊特生)」

앞에서 제나라 양공은 제나라를 혼란에 몰아넣고, 심지어 자기 여동생과 사통하는 사이였다고 소개했었습니다. 훗날 여동생이 노(魯)나라 환공(桓公)에게 시집을 갔는데도 이러한 패륜을 멈추지 않다가, 결국에는 환공에게 발각되었습니다. 하지만 양공은 부끄러워하기는커녕 오히려 환공을 죽였죠.

『통지(通志)』에 의하면 일가족 형제의 항렬은 정실부인이 낳은 장자인 백(伯: 적장자), 후실부인이 낳은 장자인 맹(孟: 서장자) 그리고 중(仲: 차남), 숙(叔: 삼남)과 계(季: 사남)의 순서가 됩니다. 그런데 노나라 임금인 환공이 갑작스레 죽는 바람에, 첫째 아들이 왕위를 계승하는 과정에서 문제가 생기게 됩니다. 바로 나라의 모든 권력이 임금이 아닌 맹손(孟孫)과 숙손(叔孫) 그리고 계손(系孫)씨에 의해서 장악되고 만 건데, 이 세 집안은 모두 환공의 후손이므로 삼환(三桓)이라고 불리기도 했죠. 다시 말해서 삼환은 바로 환공의 자식들이고, 아버지의 자리를 이어 임금 자리에 오른 적장자 즉 장남을 제외한 나머지 세 아들이 임금보다 더 큰 권력을 행사해왔던 겁니다. 공자는 그런 삼환을 대단히 못마땅하게 생각했는데, 어짊(仁)과 더불어서 의로움(義)은 이러한 하극상을 타파할 수 있는 가장 중요한 명분이었기에 그토록 강조한 겁니다.

공자는 또한 일관되게 리(利: 이익)와 의로움(義)의 관계에 대해서도 언급하고 있습니다.

이익을 보고도 사양하는 것이 의로움이다.

見利而讓, 義也. - 『예기』「악기(樂記)」

여기서 공자가 왜 견득사의(見得思義) 즉 이익을 보면 항상 의로움(義)을 생각하라고 강조하는지 알 수 있는데, 지금 얻으려고 하는 이익이 과연 자신이 처한 서열에서 마땅한 것인지를 먼저 판단해야 한다는 뜻이죠. 그렇다면 이익을 보고도 사양하는 것이 의로움이라는 말은 구체적으로 어떤 의미를 함축하고 있을까요?

의로움에 이르면, 곧 위아래가 도리에 어긋나 불순해지지 않는다. 사양함에 이르면, 다툼을 없애게 된다.

致義, 則上下不悖逆矣. 致讓, 以去爭也. - 『예기』「제의(祭義)」

이 말은 양보함으로써 다툼이 없어지면, 이에 위아래의 도리를 바로잡는 의로움(義)이 확고해진다는 뜻이 됩니다.

공자는 사사로운 이익을 탐하면 의로움(義)을 잃는다는 사실을 알았기 때문에, 리(利: 이익)를 보면 먼저 의로움(義)을 생각해야 한다고 강조하고 있는데요. 다시 말해서, 이익을 보게 되면 그것이 의로움(義) 즉 계급상의 서열을 명확하게 하고 그 서열에서 마땅히 지켜야 할 바를 목숨을 걸고 지키는 자세에 어긋나는 것인지를 먼저 살펴야 한다는 겁니다. 이러한 이익과 의로움(義)의 관계에 대해서, 공자는 또 다음과 같이 언급한 바 있습니다.

4-16: 공자가 말씀하셨다. "올바른 지도자인 군자는 어떻게 해야 의로움(義)을 실천할 수 있을지 고민하지만, 피지배계급인 소인은 조금이라도 더 이익을 얻는 데만 급급하다."

子曰: "君子喩於義, 小人喩於利." - 『논어』

나랏일을 하는데 재물에 힘써 베푸는 자는 분명 피지배계급인 소인의 모습을 따르는 것이다. 재물로 베푸는 걸 옳다고 여기고, 피지배계급인 소인 같은 이들을 주변에 두고 국가를 다스리면, 재앙과 손해가 함께 이른다. 비록 잘하는 것이 조금은 있다고 하더라도, 역시 어찌할 수는 없다. 이를 나라는 이익으로 이로움을 삼지 않고, 의로움으로 이로움을 삼는다고 일컫는다.

長國家而務財用者, 必自小人矣. 彼爲善之, 小人之使爲國家, 菑害竝至. 雖有善者, 亦無如之何矣! 此謂國不以利爲利, 以義爲利也.

-『예기』「대학(大學)」

결국 나랏일을 맡은 정치인이 이익에 눈이 멀면 나라가 기울게 된다는 겁니다. 그래서 공자는 다음처럼 말하기도 했습니다.

7-15: 공자가 말씀하셨다. "거친 밥을 먹고 물을 마시며 팔을 베고 자니, 즐거움이 그 안에 있다. 의롭지 않은데도 부유함을 누리는 것은 나에게는 마치 뜬구름과 같다."

子曰: "飯疏食飮水, 曲肱而枕之, 樂亦在其中矣. 不義而富且貴, 於我如浮雲."

-『논어』

삶이 넉넉해지면 다른 생각이 마음속에 둥지를 틀기 마련이고, 다른 생각이 둥지를 틀기 시작하면, 전념하여 도(道)를 견지할 수 없기 마련입니다. 따라서 공자는 옛 성현들과 마찬가지로 검소함을 몸소 실천하려고 노력한 거죠.

그런데 공자는 의로움(義)을 논하는 데 더불어서 용감함(勇)에 대해서도 언급하고 있습니다.

3. 의로움(**義**): 자신이 처한 신분에서 마땅히 지켜야 할 바를 목숨을 걸고 지키는 것

2-24-2: 먼저 자신이 처한 신분을 명확히 하고 나아가 그 위치에서 마땅히 해야 하는 옳은 일에 목숨을 거는 의로움(義)을 보고도 행동으로 실천하지 못한다면, 그것은 용감함(勇)이 없는 것이다.

見義不爲, 無勇也. -『논어』

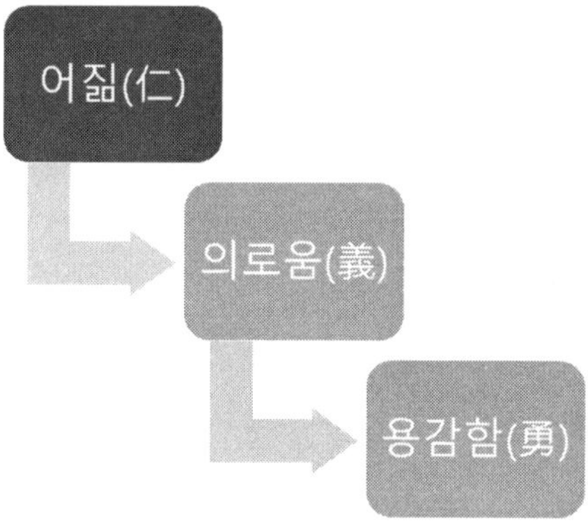

따라서 용감함(勇)이란 바로 의로움(義)을 몸소 실천하는 것임을 알 수 있습니다. 다시 말해서, 의로움(義)이 없으면 용감함(勇) 역시 존재할 수 없죠. 그래서 공자는 또 다음처럼 설명하기도 했습니다.

17-23: 자로가 물으셨다. "군자는 용감함을 숭상합니까?" 공자가 말씀하셨다. "군자는 의로움을 으뜸으로 삼는다. 군자가 용감하지만 의롭지 못하면 반란을 일으키고, 피지배계급인 소인이 용감하지만 의롭지 못하면 도둑질을 하게 된다."

子路曰: "君子, 尙勇乎?" 子曰: "君子, 義以爲上. 君子, 有勇而無義, 爲亂; 小人, 有勇而無義, 爲盜." -『논어』

어짊(仁)은 의로움(義)의 기초이고, 의로움(義)을 몸소 실천하는 것이 용감함(勇)이라고 했습니다. 따라서 어짊(仁)과 의로움(義) 없이 용감함(勇)만 강조하면, 두려움 없이 포악해져서 반란을 일으키는 데 일말의 주저함도 없게 되는 겁니다. 하물며 피지배계급인 소인이 어짊(仁)과 의로움(義) 없이 용감(勇)하면, 아무런 두려움 없이 도둑질을 일삼게 되는 건 어찌 보면 당연한 일일 겁니다.

특히 다음 구절을 보면, 공자가 의로움(義)을 얼마나 중시했는지 이해할 수 있습니다.

> 4-10: 공자가 말씀하셨다. "참된 지도자인 군자가 세상에 나서면, 마땅히 해야 한다거나 또는 하지 말아야 할 일 같은 건 없다. 오로지 의로움에 비춰서 행할지 여부를 판단해야 한다."
>
> **子曰: "君子之於天下也, 無適也, 無莫也, 義之與比."** **-『논어』**

이처럼 공자는 의로움(義)에 부합되지 않으면 해서는 안 된다고 말하고 있으므로, 의로움(義)은 행할 것인지 아닌지를 결정하는 실천 여부의 판단 기준이 되는 겁니다.

4. 예(禮): 조화로움(和)을 위한 절제와 통제

덕(德)을 구성하는 두 가지 요소인 중(中)과 조화로움의 화(和)는 예(禮)로 절제하고 통제해야 한다고 했습니다. 따라서 예(禮)는 '도'에 도달하기 위해서 중(中)과 조화로움의 화(和)를 통제하는 요소가 되는 것, 다시 말해서 '중(中)과 조화로움(和)을 위한 절제와 통제'가 되죠.

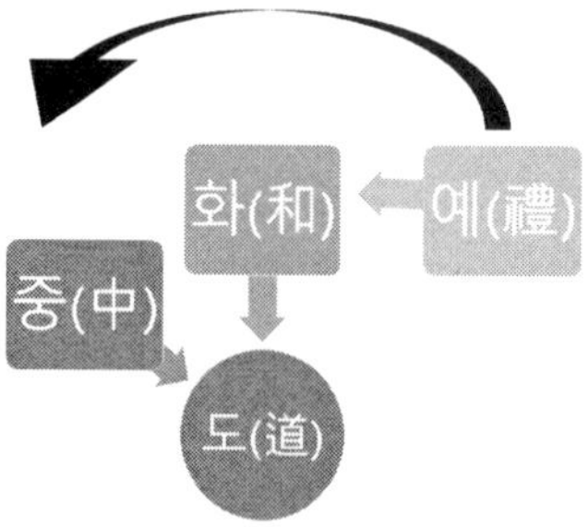

이제 왜 예(禮)가 한쪽으로 치우치지 않는 중(中)과 어느 하나 버리지 않고 함께 하는 조화로움(和)을 위한 절제와 통제가 되는지, 다음의 『논어』 구절을 통해서 구체적으로 살펴보겠습니다. 우리에게 잘 알려진 과유불급(過猶不及)이라는 성어가 여기서 유래했죠. 그렇다면 공자는 어떤 의미에서 지나친 것과 모자란 것은 같다고 한 걸까요? 세상 모든 것에 '과유불급'이 적용될까요? 타인을 위한 배려와 사랑은 넘치면 안 되는 걸까요?

11-15: 자공이 물으셨다. "자장과 자하 중에서, 누가 더 현명합니까?" 공자가 말씀하셨다. "자하는 슬픔을 누르지 못해서 선왕의 예를 다하지 못했으니 부족하고, 반면에 자장은 슬픔이 모자라서 선왕의 예를 다했으니 지나치다." 자공이 말씀하셨다. "그렇다면 자장이 더 낫습니까?" 그러자 공자가 말씀하셨다. "현명함이란 예(禮)로 이성과 감성을 조율하여 중(中) 즉 한쪽으로 치우치지 않는 객관적이고도 공정함과, 양쪽을 모두 아우르는 조화로움(和)으로 이르게 하는 것이다. 예(禮)가 지나치거나 예(禮)가 모자라면 둘 다 중(中)과 화(和)에 이르지 못하니, 결국에는 같은 것이다."

子貢問: "師與商也, 孰賢?" 子曰: "師也, 過; 商也, 不及." 曰: "然則師愈與?" 子曰: "過猶不及." **-『논어』**

이제 이 구절의 의미를 정확하게 파악하기 위해서, 『예기』의 다음 구절을 살펴보죠.

과유불급(過猶不及)

자하가 상을 치르고 공자를 뵈었다. 공자가 그와 함께 거문고를 탔는데 화답하기는 했지만 합치지 못했으니, 자하가 연주를 하기는 했지만 공자의 화음과 어울려서 온전한 소리를 이루지는 못했다. 연주가 끝난 후 자하가 일어나서 말씀하셨다. "슬픔을 아직 잊을 수 없어서 제대로 연주할 수 없습니다. 하지만 선왕께서 예(禮)를 제정하신 것이라서, 감히 어기지 못해서 겨우 연주했습니다." 세월이 흐르고 자장이 상을 치르고 공자를 뵈었다. 공자가 그와 함께 거문고를 탔는데 화답하여 합쳐졌으니, 자장이 연주를 하자 공자의 화음과 어울려서 온전한 소리를 이뤘다. 연주가 끝난 후 자장이 일어나서 말씀하셨다. "선왕께서 예(禮)를 제정하신 것이라서, 슬픔을 누르고 제대로 연주했습니다."

子夏既除喪而見. 予之琴, 和之而不和, 彈之而不成聲. 作而曰: "哀未忘也. 先王制禮而弗敢過也." 子張既除喪而見. 予之琴, 和之而和, 彈之而成聲. 作而曰: "先王制禮不敢不至焉." - 『예기』「단궁상(檀弓上)」

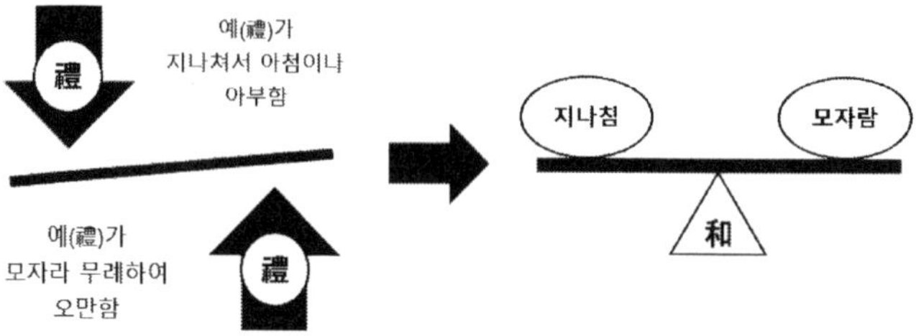

자하는 슬픔이 지나쳐서 제대로 연주를 못했으므로, 예(禮)가 모자랐습니다. 반면 자장은 슬픔이 모자라서 아무렇지도 않다는 듯이 평상시처럼 연주를 했으므로, 예(禮)가 지나쳤던 겁니다. 즉 모자라지도 않고 또 지나치지도 않아야 하는 '과유불급'의 대상은 바로 예(禮)인 것입니다. 이제 왜 예(禮)가 '중(中)과 조화로움(和)을 위한 절제와 통제'가 되는지 알 수 있겠죠?

사진 출처: 영화 <아부의 왕> 공식 포스터(오른쪽)

그건 다름 아닌 감정이 지나쳐서 예(禮)가 모자라면 무례한 모습이 되고, 감정이 모자라서 예(禮)가 지나치면 아첨·아부하는 모습이 되기 때문입니다. 따라서 다음과 같이 예(禮)의 중요성을 표현하기도 했습니다.

따라서 사람에게 있어서 예는, 마치 술에 누룩이 있어야 하는 것과도 같다. 따라서 군자는 예에 후하지만, 소인은 예에 박하다.

故禮之於人也, 猶酒之有蘖也. 君子以厚, 小人以薄. -『예기』「예운(禮運)」

제7장의 2. 어짊(仁)의 의미에서, '사람 인(人)'은 두 손을 가지런히 모으고 공손함을 표하는 예(禮)를 갖춘 모습을 문자로 옮긴 것이라고 했습니다. 예(禮)를 갖출 줄 알아야 비로소 사람이라는 거죠. 그래서 공자는 사람과 동물을 구별하는 기준이 예(禮)의 유무에 달렸다고 말하기도 했습니다. 따라서 이를 종합해보면 누룩이 없으면 술이 아닌 것과 마찬가지로, 예(禮)를 갖추지 못하면 사람이 아니라는 뜻이 됩니다.

그리고 예(禮)는 시공을 초월해서 지속 가능해야 한다고 강조합니다.

무릇 예(禮)라는 것은 후대에 전할 수 있고, 또 지속될 수 있는 것이다.

夫禮, 爲可傳也, 爲可繼也. -『예기』「단궁상(檀弓上)」

하지만 예(禮)에는 예로부터 내려오는 전통보다도 우선되어야 하는 조건이 있습니다.

9-3: 공자가 말씀하셨다. "삼으로 짠 면류관을 쓰는 것이 전통의 예절이다. 하지만 검은 명주로 짠 것을 쓰는 것이 검소함에 부합되므로, 나도 사람들처럼 검은 명주로 짠 면류관을 쓰는 걸 따르겠다."

子曰: "麻冕, 禮也. 今也純, 儉, 吾從衆." -『논어』

그건 바로 예(禮)는 예로부터 내려오는 전통보다 검소함(儉)을 더 우선해야 한다는 거죠. 즉 예(禮)는 검소함(儉)을 바탕으로 해야 하는 겁니다. 그래서 공자는 다음처럼 강조하기도 했습니다.

11-1: 공자가 말씀하셨다. "선조들은 마치 벼슬하지 않는 평민처럼 꾸미지 않고 질박하게 정성을 다해서 예악제도를 따르려고 애썼다. 후대 사람들은 마치 벼슬이 높은 사람처럼 화려하게 치장하는 형식적인 면에만 힘쓰고 있다. 만약 내가 예악제도를 시행한다면, 나는 허례허식에 치우치기보다는 선조들처럼 질박하게 정성을 다하는 태도를 따르겠다."

子曰: "先進於禮樂, 野人也. 後進於禮樂, 君子也. 如用之, 則吾從先進."

-『논어』

흉배(胸褙)는 예복을 멋있게 꾸미려고 만든 단순한 화려한 장식이 아니라, 하늘의 뜻과 성인들의 말씀을 옷에 새겨 드러내어 조정에서 일하는 임금과 신하가 항상 잊지 않도록 하는 일종의 훈계 역할을 합니다. 우리나라 역시 조선왕조 세종대왕 이후에는 조정에서 입는 예복에 흉배가 수놓아져 있는데, 그렇다면 왜 그전에는 흉배를 수놓지 않은 걸까요? 당시 황희 정승은 흉배의 형형색색 화려함이 도의 구성 요소 중 하나인 검소함(儉)에 어긋난다면서 반대했고, 세종대왕 역시 그 말이 일리가 있다고 여겨서 수긍했기 때문입니다.

또 예(禮)는 비록 도의 형식이긴 하지만, 정성을 다하는 자세로 임해야 합니다.

3-12: 공자는 제사를 지낼 때 마치 조상의 혼령이 앞에 계신 듯이 정성을 다하셨다. 왜냐면 이것이 바로 진심으로 섬기고 따르는 어짊(仁)이기 때문이다. 공자가 말씀하셨다. "내가 직접 제사에 참여하지 않으면 제사를 지내지 않은 것과 같으니, 제사는 형식적으로 마지못해서 하는 것이 아니라 진심을 다해야 하는 것이다."

祭如在, 祭神如神在. 子曰: "吾不與祭, 如不祭." - 『논어』

7-9: 공자는 상주 곁에서 음식을 먹게 되면, 상주의 마음을 이해했기 때문에 일찍이 배불리 먹은 적이 없으셨다. 또 공자는 그날 상갓집에서 곡을 하면, 역시 상주처럼 진심으로 애도했기 때문에 다른 노래를 부르지 않으셨다.

子食於有喪者之側, 未嘗飽也. 子於是日哭, 則不歌. - 『논어』

예(禮)는 왼쪽 조상의 혼령이 하늘로 올라가는 것을 의미하는 '보일 시(示)'와, 오른쪽 제사 때 제기(豆) 위에 음식을 풍성하게 쌓은 모습을 그린 '풍년 풍(豊)'이 합쳐진 겁니다.

'보일 시(示)'는 '어질 인(仁)'을 설명할 때 언급했듯이 '윗 상(上)'의 옛 글자인 '二'와 하늘로 올라가는 기운인 小(오늘날의 ♨ 표시와 같음)가 합쳐져 하늘로 올라가는 기운을 나타냅니다. 따라서 '보일 시(示)'는 '하늘로 올라가는 기운' 즉 영혼을 뜻합니다. 좀 더 구체적으로는 조상의 영혼을 뜻하는데요. 그래서 '보일 시(示)'가 들어가는 한자로 '조상 조

(祖)', '귀신 신(神)' 등이 있죠.

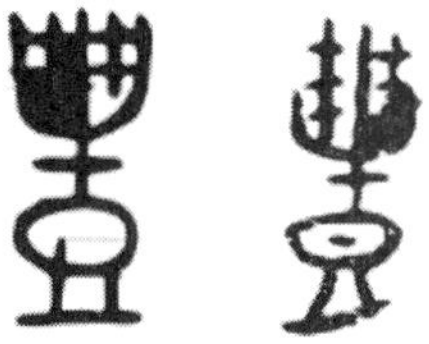

그리고 제사 때 제기(豆) 위에 음식을 풍성하게 쌓은 모습을 그린 '풍년 풍(豊)'을 통해서, 예절(禮)은 음식을 풍성하게 준비하여 조상에게 제사를 지내는 것에서 비롯된 것임을 알 수 있습니다.

무릇 예의 처음은, 음식에서 시작한 것이다.

夫禮之初, 始諸飮食. -『예기』「예운(禮運)」

하지만 여기서 풍성하게 준비한다는 건 정성을 다한다는 것이지, 결코 사치를 부리거나 무리해서 제사상을 준비하라는 뜻이 아닙니다.

이처럼 검소함(儉)과 정성을 다하는 자세를 갖춰야 하는 예(禮)는 두 가지가 있다고 했습니다. 하나는 주례(周禮) 또는 주관(周官)으로 불리는 것인데, 오늘날의 관제(官制)와 의식(儀式) 등 국가 행사를 뜻합니다. 또 하나는 의례(儀禮)인데, 이는 가정 행사로서의 관혼상제에서의 예절을 뜻하죠. 그런데 노자는 예(禮)에 대해서 이중적인 태도를 보입니다. 먼저 다음 기록을 살펴볼까요?

31-9: 상례로써 그를 처리한다는 것을 이른다.

言以喪禮處之.

31-10: 많은 사람을 죽이면, 애통함으로 그들을 걱정한다. 전쟁에서 승리하면, 상례로 그들을 처리한다.

殺人之衆, 以哀悲泣之. 戰勝, 以喪禮處之. -『도덕경』

이 두 구절을 좀 더 상세하게 풀이하면 다음과 같습니다. "31-9: 전쟁은 아주 부득이한 경우에만 행하는 것이라서, 희생자가 생기면 아군과 적군을 불문하고 모두 상례로 경건하게 애도의 뜻을 표해야지, 결코 전쟁에서 이겼다고 기뻐하며 우쭐하면 안 된다.", "31-10: 전쟁에서 승리하더라도 사람이 죽었다고 애통해하는 것이 도리이다. 전쟁에서 이기더라도 먼저 상례로써 희생자들을 경건하게 애도하는 것이 도리이다."

상례(喪禮)는 관혼상제(冠婚喪祭)의 의례(儀禮) 중 하나입니다. 따라서 노자는 예(禮)를 매우 중시하고 있죠. 또 예(禮)는 비록 도의 형식이긴 하지만 정성을 다하는 자세로 임해야 한다는 공자의 말과도 일치하고 있습니다. 그런데 다음 구절들을 보면, 노자의 예(禮)를 대하는 태도에 뭔가 변화가 생겼음을 알 수 있습니다.

38-6: 상급의 예는 작위 하는 바가 있으나, 응답하지 않으면 곧 팔을 걷어붙이고 그것을 내버린다.

上禮為之而莫之應, 則攘臂而扔之.

38-8: 무릇 예라는 것은, 공정함과 신뢰의 부족함이며 재앙의 시작이 된다.

夫禮者, 忠信之薄而亂之首.

38-9: 앞에서 기록한 예라는 것은, 도의 사치스러움이자 우매함의 시작이다.

前識者, 道之華也, 而愚之始. -『도덕경』

이 말은 예(禮)는 대단히 형식적이라서 억지로 하는 것이라는 뜻입니다. 따라서 만약 상대방이 예(禮)에 반응을 보이지 않으면, 곧 예(禮)를 팽개치고는 팔을 걷어붙여서 상대방에게 따지게 된다는 거죠.

노자는 31-9와 31-10에서 관혼상제(冠婚喪祭)의 의례(儀禮)를 대단히 중시하는 모습을 보였습니다. 그렇다면 노자가 말한 대단히 형식적이라서 억지로 하는 예(禮)는, 주례(周禮)에 한정된 평가일 수도 있을 텐데요. 이제 다음 구절을 통해서 확인해보겠습니다.

62-4: 따라서 천자를 세우고 삼공을 설치함에, 비록 공벽이 앞에 가고 말 네 마리가 끄는 수레가 뒤따른다 하더라도, 앉아서 이러한 도를 진상함보다 못하다.

故立天子, 置三公, 雖有拱璧以先駟馬, 不如坐進此道.

삼공은 주나라의 태사, 태부, 태보(太師, 太傅, 太保) 즉 영의정, 좌의정, 우의정을 가리키는데 오늘날의 총리와 부총리 정도로 이해할 수

있습니다. 노자는 말합니다. 천자의 취임식을 치르고 또 그를 보좌하는 최고의 벼슬인 삼공을 지명하는 데 진귀한 옥인 '공벽'을 앞에 내세우고 그 뒤로 성대한 규모의 진상을 하는 등 형식적인 의전의 예(禮)를 중시하는 것보다, 차라리 그 시간에 내실을 도모해서 훌륭한 인물을 관리로 등용하고 그들이 곁에서 충언으로 하늘의 도를 아뢰게 하는 것이 더 낫다고 말입니다.

따라서 노자는 관혼상제에서의 예절을 뜻하는 의례(儀禮)에 대해서는 공자와 마찬가지로 중시하는 입장이지만, 관제(官制)와 의식(儀式) 등 국가 행사를 뜻하는 주례(周禮)에 대해서는 부정적이다 못해서 차라리 없느니만 못하다고까지 말하고 있는 겁니다. 결국 노자가 봤을 때, 의전의 예(禮)는 도에 불필요한 요소이자, 오히려 지도자를 우매하게 만들어서 재앙을 가져다줄 뿐이라는 거죠.

공자는 『예기』「증자문」에서 제자 증삼의 질문에, 8차례에 걸쳐 노자에게서 배운 예(禮)를 소개한 바 있습니다. 이는 공자가 노자에게서 예(禮)를 배웠고, 노자 역시 예(禮)를 중시했음을 증명하죠. 그렇다면 노자는 왜 유독 주례(周禮)에 대해서만 비판적인 자세를 취한 걸까요?

3-10: 공자가 말씀하셨다. "천자가 지내는 큰 제사인 '체'를 지낼 때 튤립으로 만든 울창주를 땅에 붓고는 그냥 떠나버리니, 난 앞으로는 '체'라는 제사를 보고 싶지 않다."

子曰: "禘, 自既灌而往者, 吾不欲觀之矣."

울창주를 땅에 붓고는 그냥 자리를 떠버리는 장면을 보고 공자가 크게 실망한 이유는, 다음 기록을 보면 알 수 있습니다.

규장이라는 옥 그릇에 튤립으로 만든 울창주를 따라 땅에 붓는 것은, 옥의 기운을 베푸는 것이다. 술을 땅에 부은 후에 제사에 쓰일 소를 맞이하는 것은, 음의 기운을 부르는 것이다.

灌以圭璋, 用玉气也. 既灌, 然后迎牲, 致阴气也.

-『예기』「교특생(郊特生)」

즉 당시 춘추시대에는 심지어 천자가 지내는 제사인 '체'조차도 전통의 예악을 따르지 않고 소를 맞이하는 순서를 맘대로 생략하여 대충 지내는, 허례허식에 치우쳤기 때문인 겁니다.

반면 공자는 그에도 불구하고 여전히 주례(周禮)를 강조하고 있습니다. 그렇다면 주례(周禮)는 왜 중요한 걸까요? 『사기』「공자세가(孔子

世家)」의 다음 기록을 살펴보죠. 내용이 길어서 핵심만 간략히 정리했습니다.

> 정공 10년 즉 공자가 51세일 때, 제나라 대부 여서가 경공에게 "노나라에서 공자를 등용했으니 이는 제나라에 큰 위협이 됩니다."라고 아뢰었다. 이에 제나라는 노나라와 우호관계를 맺었는데, 노나라 정공과 제나라 경공이 협곡에서 만나 예법에 따라 단상에 올라 헌수(獻酬: 술잔을 주고받는 예절)했다. 이어서 제나라 담당 관리가 음악을 연주했는데, 창과 칼을 들고 북을 두드리며 떠들썩한 오랑캐의 음악을 연주하자, 공자는 분노하여 담당 관리를 처벌하게 했고, 이에 경공은 제나라의 예법이 노나라에 못 미침을 알고 크게 부끄러워했다.

이처럼 주례(周禮)는 한 나라의 문화 수준을 알려주는 척도가 됩니다. 이른바 선진국과 후진국을 구별하는 기준이 주례(周禮)인 거죠. 그래서 공자는 다음처럼 말하기도 했습니다.

3-5: 공자가 말씀하셨다. "아무리 오랑캐 지역에 임금을 세우더라도 그들에게는 예악제도가 없기 때문에 나라가 바로 잡힐 수 없지만, 중국 본토 지역은 예악제도가 있기 때문에 설령 임금이 없더라도 나라가 바로 잡힐 수 있다. 따라서 예악제도의 유무가 임금의 유무보다 더 중요하다."

子曰: "夷狄之有君, 不如諸夏之亡也."

예(禮)에는 주례(周禮)와 의례(儀禮)가 있고, 이 둘 중 어느 하나만 존재할 수는 없습니다. 공자에게 예(禮)를 가르친 노자가 이 점을 몰랐을 리가 없죠. 다만 노자는 허례허식에 치우친 주례(周禮)에 크게 실망하여 한탄을 금하지 못한 걸 겁니다.

이처럼 예(禮)는 도의 형식이지만, 검소함(儉)과 정성을 다하는 자세를 갖춰야 합니다. 그런데 노자와 공자가 얼마 전 치러진 영국 찰스 3세 국왕의 대관식에 최소 1억 파운드(약 1,685억 원)가 쓰였다는 소식을 접했다면 뭐라고 말했을까요? 차라리 그 돈으로 사회의 취약층을 돌보는 것이 더 낫다고 하지 않았을까요?

5. 음악(樂): 예(禮)를 보완하는 온유함

도(道)의 내용에서 부드러움의 어짊(仁)과 강함의 의로움(義)이 그렇듯, 도(道)의 형식 역시 강함의 예(禮)와 부드러움의 음악(樂)이 조화(和)를 이뤄야 한다고 했습니다. 예(禮)에는 주례(周禮)와 의례(儀禮)가 있다고 했죠? 이제 왜 예(禮)에는 음악(樂)이 반드시 필요한지 예를 들어보겠습니다.

외빈이 방문하면 보통 의장대 사열을 합니다. 이때 예(禮)를 담당하는 병사와 음악(樂)을 담당하는 병사들이 함께 참석합니다. 그런데 음악(樂)이 없이 예식만 진행된다면, 그 분위기가 어떨까요? 대단히 삭막하고 또 어색해질 겁니다.

마찬가지로, 이번에는 결혼식의 한 장면을 상상해봅시다. 사회자가 "신부 입장!"이라고 말하면, 신부 행진곡이 울려 퍼지면서 신부와

신부 아버지가 천천히 걸으면서 결혼식장으로 입장하죠. 그런데 만약 '신부 행진곡'이라는 음악(樂) 없이 결혼 예식(禮)이 진행된다면 어떨까요? 이처럼 음악(樂)은 예(禮)의 강함을 보완하는 부드러움입니다. 조화로움(和)은 강함이나 부드러움 한쪽으로 치우치면 안 되기 때문이죠. 그래서 『예기』에서도 다음처럼 설명하고 있습니다.

음악(樂)이라는 것은 같이하여 다스리는 것이고, 예(禮)라는 것은 달리하여 다스리는 것이다. 같이한다는 것은 서로 가까이하는 것이고, 달리한다는 것은 곧 서로 정중한 것이다. 음악이 지나치면 번져서 퍼지게 되고, 예(禮)가 지나치면 곧 흩어진다. 이치에 맞게 하고 표면의 형식을 수식하는 것이, 예악(禮樂)의 기능이다.

樂者, 爲同; 禮者, 爲異. 同, 則相親; 異, 則相敬. 樂勝, 則流; 禮勝, 則離. 合情飾貌者, 禮樂之事也. **-『예기』「악기(樂記)」**

음악(樂)이 가까이하여 서로 어울린다는 것은 부드러운 자세이고, 예(禮)가 달리 하여 서로 구별한다는 것은 엄격한 태도이죠. 이처럼 예악(禮樂)은 도의 형식으로서 각각 강함과 부드러움을 나타냅니다. 그런데 예(禮)만 강조하면 지나치게 딱딱해져서 뭉치지 못하고 알알이 흩어져 버리는 반면, 음악(樂)만 강조하면 지나치게 부드러워서 느슨해지다 못해 한없이 퍼지게 되는 거죠. 이처럼 도(道)의 형식이 되는 예악(禮樂)은 사실상 불가분의 관계를 지니고 있으므로, 『논어』에서는 다음과 같이 서술하기도 했습니다.

18-9: 노나라 악관의 수장인 태사 지는 제나라로 갔고, 식사 때 연주하는 벼슬인 아반 간은 초나라로 갔으며, 식사 때 연주하는 벼슬인 삼반 료는 채나라로 갔고, 역시 식사 때 연주하는 벼슬인 사반 결은 진(秦)나라로 갔으며, 북을 치는 방숙은 '하내' 지역으로 들어갔고, 작은 북을 흔드는 무는 한중 지역으로 들어갔으며, 악관을 보좌하는 소사 양과 돌로 만든 악기인 경쇠를 치는 양은 '해도' 지역으로 들어갔다.

大師摯, 適齊; 亞飯干, 適楚; 三飯繚, 適蔡; 四飯缺, 適秦; 鼓方叔, 入於河; 播鼗武, 入於漢; 小師陽, 擊磬襄, 入於海.

『사기』「공자세가」에 따르면, 노나라 정공 14년 공자는 56세의 나이로 형조판서에 해당하는 대사구에서 대부로 승진하게 됩니다. 그가 정치를 행한 지 석 달이 지나자 상인들이 값을 속이지 않았고, 남녀가 멀리 떨어져서 예(禮)를 지키면서 걸었으며 또 길에 물건이 떨어져 있어도 자기 물건이 아니면 줍는 사람이 없었다고 합니다. 심지어 외부의 손님들이 방문해도 담당 관리를 굳이 찾아가 억울함을 호소하거나 중재를 요청할 필요가 없었을 정도였다고 하니, 노나라에 얼마나 큰 변화의 바람이 불기 시작했는지 짐작할 수 있습니다.

그러자 이웃 제나라의 대부 여서가 공자의 능력을 크게 두려워하여, 제나라 미인 팔십 명을 뽑아 노나라 국경으로 보내고는 강락무를 추게 했고, 또 말 백이십 필을 노나라 임금에게 선물했습니다. 그런데 경(卿)이었던 계환자는 처음에는 평상복 차림으로 몰래 찾아가 강락무를 엿보다가, 나중에는 아예 지역 순시라는 명분으로 온종일 관람하여 정사를 소홀히 했죠. 제자 자로가 그 소식을 듣고는 “이제 노나라를 떠날 때가 되었습니다.”라고 말하자, 공자는 “임금께서 곧 있을 제사가 끝난 후 음식을 나누어줄 텐데, 대부들에게도 나누어주면 아직 예악(禮樂)제도가 무너지지 않은 것이니 나는 노나라에 남을 것이다.”라고 대답했습니다. 하지만 음식은 공자의 집에 당도하지 않았고, 이에 공자는 비로소 노나라의 도가 땅에 떨어졌음을 깨달았습니다. 그리고 “여인은 신하를 떠나게 할 수 있고, 또 신하를 죽음에 이르게도 할 수 있다.”라는 말을 남기고, 대부의 자리를 버리고 노나라를 떠나게 된 겁니다. 즉 공자는 나라에 ‘도’가 없는데도 상관과 임금에게 간언을 해봤자 소용이 없거니와, 괜히 그들의 심기를 건드려서 자기 목숨만 위태로워지므로, 당시의 불문율에 따라서 아무런 미련 없이 노나라를 떠난 거죠.

따라서 18-9가 말하고자 한 바는 노나라의 ‘도’가 땅에 떨어지자, 모두 나라를 떠나 세상을 등짐으로써 당시의 불문율을 따랐다는 겁니다. 특히 악관(樂官)들의 이름을 구체적으로 열거하면서 그들이 노나라를 떠났다는 것을 말한 이유는, 예악제도란 것이 예(禮)가 사라지면 음악(樂) 역시 존재할 수 없음을 말하기 위해서였습니다. 즉 예(禮)와 음악

(樂)은 어느 한쪽이 사라지면 나머지 한쪽 역시 사라지는 불가분의 관계에 있는 겁니다.

그렇다면 도의 형식인 예악(禮樂)에서 음악(樂)은 단순히 악기로 연주하는 순수한 음률만을 이야기하는 걸까요? 아니면 가사가 포함된 종합적인 형태로 이해해야 할까요?

3-25: 공자가 순임금 때의 음악인 '소'를 평하셨다. "순임금 때는 신하가 임금이 바른길을 걷도록 충언하고, 임금은 신하들에게 하늘의 뜻을 받들어 신중하라고 근엄하게 명령하고 있으며, 나아가 무력으로 진압하지 않고 진심 어린 덕을 펼쳐서 오랑캐들마저 감복시켰다. 이것이 바로 조화로움(和)과 자애로움의 덕치인 것이다. 따라서 그 음악이 지극히 아름답고도 지극히 선하다." 이어서 주나라 무왕 때의 음악인 '무'를 평하셨다. "무왕은 그 업적이 찬란하지만 상나라 주임금을 무력으로 멸하고 주나라를 세웠으니, 이른바 폭력으로 역성혁명(易姓革命)을 일으킨 장본인이다. 따라서 그 음악이 지극히 아름답지만 지극히 선하지는 않다."

子謂韶: "盡美矣, 又盡善也." 謂武: "盡美矣, 未盡善也." - 『논어』

제4장의 5. 성인(聖人)과 군자(君子) 그리고 그릇(器) - 군자(君子) 부분(90쪽)에서 『상서』「대우모(大禹謨)」를 소개하면서 성인과 군자의 차이점에 대해 설명했습니다. 순임금이 묘족을 평정하라고 명하자, 우는 군대를 이끌고 묘족을 치려고 했지만 뜻대로 하지 못했죠. 이때 익이 우에게 충고를 합니다. 순임금이 모든 죄를 스스로 짊어지고 자기 탓으로 돌려서 공경하자 상대방이 따랐듯이, 덕으로 상대방을 감화시켜야 한다고 말이죠. 우는 그 말을 듣고 군사를 철수시키고 돌아가 제사를 바로 잡았고, 이에 순임금은 더욱 위엄과 덕망을 넓게 폈습니다. 그렇게 칠십 일이 지나자, 묘족이 감복하여 자발적으로 순임금을 따랐다고

말입니다.

반면에 무왕은 공자가 여섯 군자 중 한 명이라고 칭한 바 있습니다. 하지만 그는 무력으로 상나라 주임금을 멸하고 주나라를 세웠으니, 이른바 폭력으로 역성혁명을 일으킨 장본인입니다. 이때 상나라의 제후국인 고죽국의 왕자 백이와 숙제는 무왕이 인의(仁義)를 저버렸다고 말하며, 수양산으로 들어가 고사리를 캐어서 연명하다 굶어 죽었던 거죠.

따라서 상술한 내용들을 종합적으로 고려했을 때 당시 음악(樂)은 단순한 음률 그 자체만을 지칭하는 것이 아니라, 가사 즉 인물의 역사적 업적을 고려한 종합적인 형태로 인식하고 있었음을 알 수 있습니다.

제8장

중(中)과 조화로움(和)을 위한 세 가지 보물

제8장
중(中)과 조화로움(和)을 위한 세 가지 보물

노자는 『도덕경』에서 다음과 같이 말했습니다.

> 42-1: 도는 하나를 낳고, 하나는 둘을 낳으며, 둘은 셋을 낳고, 셋은 만물을 낳는다.
>
> 道生一, 一生二, 二生三, 三生萬物. -『도덕경』

'하나'는 도 바로 아래 개념인 순일한 덕으로, 지도자가 오로지 나라와 백성의 안위만을 생각하는 것이라고 했습니다. 그런데 '하나' 즉 순일한 덕이 둘을 낳는다고 했으므로, 바로 '둘'은 '덕'에서 나눠는 두 가지 즉 '덕'을 이루는 두 요소인 중(中)과 조화로움(和)이 됩니다. 그렇다면 중(中)과 조화로움(和)에 도달하기 위해서는, 또 어떤 구성 요소들이 필요할까요?

노자는 『도덕경』에서 또 다음과 같이 말했습니다.

67-4: 나에게는 세 가지 보물이 있어서, 그것을 지니고 보호한다.

我有三寶, 持而保之.

67-5: 첫 번째는 자애로움을 말하고, 두 번째는 검소함을 말하며, 세 번째는 감히 세상의 앞에 서지 않음을 말한다.

一曰慈, 二曰儉, 三曰不敢為天下先.

67-6: 자애로워서, 고로 용감할 수 있고; 검소하므로, 고로 넓힐 수 있으며; 감히 세상의 앞에 서지 않아서, 고로 천하의 우두머리가 될 수 있다.

慈, 故能勇; 儉, 故能廣; 不敢為天下先, 故能成器長.

따라서 셋이란 바로 노자가 말한 세 가지 보물 즉 자애로움(慈)을 말하고, 두 번째는 검소함(儉)을 말하며, 세 번째는 감히 세상의 앞에 서지 않는 겸손함(謙)을 말합니다. 이제 중(中)과 조화로움(和)에 이르게 하는 세 가지 보물에 대해서 하나씩 구체적으로 살펴보기로 하죠.

1. 자애로움(慈): 윗사람으로서 아랫사람을 진심으로 아끼고 보살펴주는 마음

'사랑할 자(慈)'의 금문을 보면, 이는 소리를 담당하는 '무성할 자(玆)'와 뜻을 담당하는 '마음 심(心)'이 합쳐진 문자입니다. '무성할 자(玆)'는 '풀 초(艸)'와 '작을 요(幺)'가 합쳐져서 작은 풀들이 많다는 의미도 나타내므로, 결국 자애로움의 자(慈)는 작고 여린 풀들에 마음을 주는, 즉 윗사람이 아랫사람을 보살피고 아끼는 자세가 되죠. 지도자가 타인의 잘못을 너그러이 용서하고 포용하는 태도가 이에 속합니다.

의로움(義)에는 윗사람의 도리 다섯 가지와 아랫사람의 도리 다섯 가지 총 열 가지가 있다고 했습니다. 이 중에서 아랫사람의 도리는 사실상 어짊(仁)이 되는 것이므로, 순수한 의로움(義)은 바로 윗사람의 도리가 된다고 했었죠?

어짊(仁)은 집 안에서 부모에게 효도(孝)하고 집 밖에서 윗사람을 공경(悌)하는 자세를 배운 후에, 사회에 나아가 신하가 되어 조정에서 상관과 임금을 진심으로 섬기고 따르는 자세입니다. 따라서 의로움(義) 역시 자애로움(慈)에서 출발하는 겁니다. 바꿔 말해서 자애로움(慈)에서 비롯하여 의로움(義)에 도달할 수 있는 겁니다. 이제 노자의 다음 구절을 다시 한번 볼까요?

18-3: 가정이 화목하지 않으면, 효도와 자애로움이 생겨난다.

六親不和, 有孝慈. -『도덕경』

19-2: 지도자가 어짊을 단절하고 의로움을 버리면, 백성들이 효도와 자애로움으로 돌아간다.

絕仁棄義, 民復孝慈. -『도덕경』

이를 종합하면 아래 도표와 같이 정리할 수 있습니다.

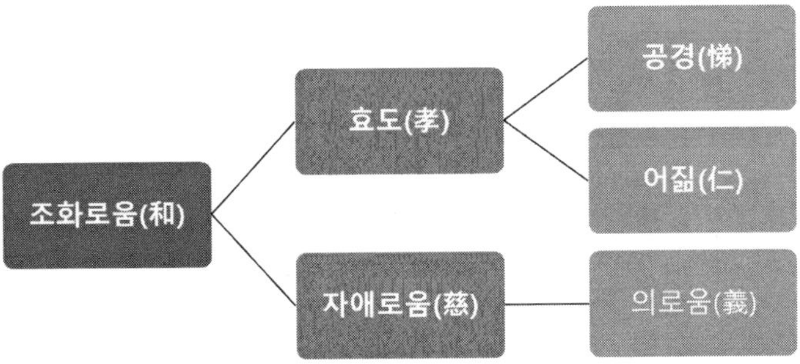

1. 자애로움(**慈**): 윗사람으로서 아랫사람을 진심으로 아끼고 보살펴주는 마음

그래서 공자는 다음처럼 말했죠.

2-24-2: 먼저 자신이 처한 신분을 명확히 하고 나아가 그 위치에서 마땅히 해야 하는 옳은 일에 목숨을 거는 의로움(義)을 보고도 행동으로 실천하지 못한다면, 그것은 용감함(勇)이 없는 것이다.

見義不爲, 無勇也. -『논어』

결국 자애로움(慈)에서 출발하여 의로움(義)에 이르고, 의로움(義)을 몸소 실천하는 것이 용감함(勇)입니다. 따라서 왜 노자가 바로 위의 67-6에서 "자애로워서, 고로 용감할 수 있다."라고 표현했는지 이해할 수 있겠죠? 이처럼 노자와 공자가 말하는 '도'의 맥락은 온전히 일치하고 있음을 다시 한번 확인할 수 있습니다.

노자는 『도덕경』에서 다양한 수사를 사용하여 자애로움(慈)의 중요성을 반복해서 강조하고 있는데요. 이제 여기서 관련 구절들을 함께 살펴보겠습니다.

36-2: 부드러움이 강제로 함을 이긴다.

柔弱勝剛强.

강함에는 부드러움으로 약자를 지키는 남방의 강함과 힘으로 상대방을 누르려는 북방의 강함 두 가지가 있다고 했습니다. 여기서는 부정의 의미를 지니므로 후자인 북방의 강함으로 풀이해야 하죠.

어느 날 바람과 해님이 길 가는 나그네의 외투 벗기기 내기를 했습니다. 먼저 바람이 불었는데, 바람이 거세질수록 나그네는 오히려 외투가 벗겨지지 않도록 더 힘을 쓰는 것이 아니겠습니까! 이어서 해님이 조용히 웃으면서 햇볕을 내리쬐자, 나그네는 스스로 외투를 벗어버렸습니다. 이 이야기는 이솝 우화 중 '바람과 해님의 내기'인데요. 따라서 노자는 여기서 바람의 강함 즉 북방의 강함보다 해님의 부드러운 리더십 즉 남방의 강함을 강조하고 있습니다.

43-1: 세상의 지극히 유약한 것이, 세상의 지극히 단단한 것을 제어한다.

天下之至柔, 馳騁天下之至堅.

노자는 자애로움의 덕치로 세상을 다스리는 것이 법과 제도를 강화하여 통제하는 것보다 더 훌륭한 정치라고 강조합니다. 그래서 다음과 같은 수사를 이용하여 계속 말을 이어나가죠.

43-2: 형태가 없는 것이 공간이 없는 틈에 들어간다.

無有入無間.

1. 자애로움(慈): 윗사람으로서 아랫사람을 진심으로 아끼고 보살펴주는 마음

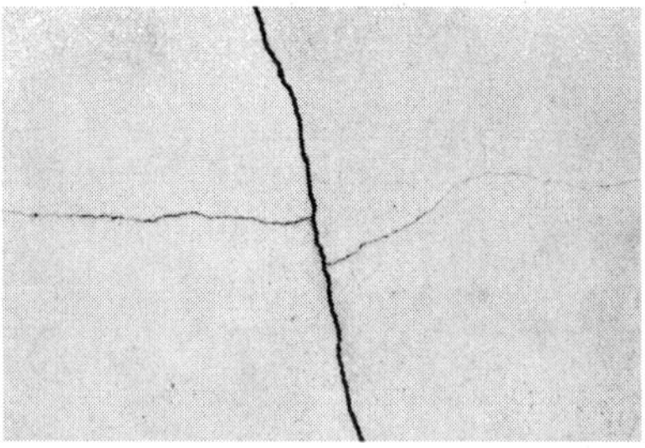

물이나 공기처럼 부드러운 것만이 단단한 것의 아주 작은 틈으로 들어가 메울 수 있듯이, 자애로움의 덕치로 백성들을 다스리게 되면 법과 제도로는 해결할 수 없는 문제들을 극복할 수 있습니다. 반면에 돌이나 쇠처럼 단단한 것은 작은 틈으로 들어가 그 공간을 메울 수 없죠.

76-1: 사람이 살아있을 때는 유연하지만, 죽으면 뻣뻣해진다.

人之生也柔弱, 其死也堅強.

사람이 살아있을 때는 몸이 부드럽지만, 죽으면 뻣뻣하게 굳어버립니다.

76-2: 만물과 초목이 살아있을 때는 부드럽지만, 죽으면 말라버린다.

萬物草木之生也柔脆, 其死也枯槁.

마찬가지로 이 세상에 존재하는 온갖 것들과 풀과 나무도 살아있을 때는 부드럽지만, 죽으면 시들어 말라버리고 말죠.

76-3: 그러므로 강경한 것은 죽음의 부류이고, 유약한 것은 삶의 부류이다. 이 때문에 무기로 강박하면 곧 패배하고, 나무가 단단하면 곧 무기가 된다. 강대함은 아래에 처하고, 부드러움이 위에 처한다.

故堅強者死之徒, 柔弱者生之徒. 是以兵強則不勝, 木強則兵. 強大處下, 柔弱處上.

강경함은 죽음을 상징하고 부드러움은 살아있음을 상징하는 것은 스스로 그러한 자연의 가르침입니다. 이러한 까닭에 지도자가 무력을 사용해서 강제로 억압하려 들면 백성이 등을 돌리게 되어 결국 그 자리를 보존하지 못하고 잃게 됩니다. 또 나무가 부드러워서 쓰임새가 없으면 사람들이 놔둬서 천수를 누리지만, 나무가 단단해서 쓰임새가 있으면 곧바로 베여 무기로 쓰이게 되죠. 그러므로 노자는 강경함은 하수나 쓰는 방법이고, 부드러움은 고수가 쓰는 방법이라고 설명합니다. 여기서도 노자는 수사학의 대가답게 부드러움이 강경함을 이길 수밖에 없는 이유를 비유의 수사법으로 설명하고 있는데요. 여기서 부드러움이란 자애로움으로 다스리는 상등의 정치 즉 덕치를 뜻하고, 강경함이란 법과 제도를 세분해서 통제하려는 하등의 정치 즉 폭정을 뜻합니다.

1. 자애로움(慈): 윗사람으로서 아랫사람을 진심으로 아끼고 보살펴주는 마음

2. 검소함(儉): 아끼고 나누는 자세

노자는 『도덕경』 67-6에서 "검소하므로, 고로 넓힐 수 있다."라고 했는데요. 이게 무슨 뜻일까요? 당송팔대가(唐宋八大家) 중 한 명인 유종원(柳宗元)의 「부판전: 쇠똥구리 이야기(蝜蝂傳)」를 통해서 이해해보도록 하겠습니다.

부판(쇠똥구리)은 짊어지기를 잘하는 벌레다. 다니다가 마주치는 물건은 바로 머리를 들어 올려 짊어진다. 짊어지는 물건이 무거울수록 고통스럽지만 그래도 멈추지 않는다. 등껍질이 까칠하여 물건을 쌓아도 흘러내리지 않으니, 결국엔 그 무게에 짓눌려서 쓰러져 일어나지 못한다. 사람들이 불쌍히 여겨서 짐을 치워주

기도 하지만, 걸을 수 있게 되면 또 예전처럼 짐을 짊어진다. 게다가 높은 곳에 오르기를 좋아하여 힘이 다해도 멈추지 않고 오르다가, 결국엔 땅에 떨어져 죽는다. 요즘 세상에 탐하길 좋아하는 이들은 재물을 만나도 피하지 않고 집에 쌓아둔다. 자신에게 누가 되는 건 모르고, 오직 재물이 쌓이지 않을까 걱정한다. 그렇게 하다가 정작 자기 일에 태만하게 되어, 내침을 당하고 쫓겨나 결국 병들게 된다. 그러다가 다시 기용되면 후회하고 뉘우치진 못할망정, 오히려 더 높은 자리에 오르고 더 많은 봉록을 받을 생각에 탐욕이 심해져 위태로운 지경에 이르지만, 이미 예전에 당했으면서도 경계할 줄 모른다. 비록 그 모습이 뛰어나고 장대하여 사람이라고 이름하지만, 지혜로움은 작은 벌레인 쇠똥구리와도 같으니, 정말 슬프지 아니한가!

蝜蝂者, 善負小蟲也. 行遇物, 輒持取, 昂其首負之. 背愈重, 雖困劇不止也. 其背甚澀, 物積因不散, 卒躓仆不能起. 人或憐之, 爲去其負. 苟能行, 又持取如故. 又好上高, 極其力不已. 至墜地死. 今世之嗜取者, 遇貨不避, 以厚其室. 不知爲己累也, 唯恐其不積. 及其怠而躓也, 黜棄之, 遷徙之, 亦以病矣. 苟能起, 又不艾, 日思高其位, 大其祿, 而貪取滋甚, 以近于危墜, 觀前之死亡, 不知戒. 雖其形魁然大者也, 其名人也, 而智則小蟲也. 亦足哀夫!

검소하지 못하다는 건 남들보다 하나라도 더 가지려 하는 것이므로, 이는 탐욕에 빠지는 걸 의미합니다. 탐욕에 빠지면 재물을 지키려고만 들고, 당장 눈앞에 있는 재물에 눈이 멀면 앞을 내다보는 안목이 좁아져서, 결국 자신을 위험한 지경으로 몰아넣게 됩니다. 바로 이것이 67-6 "검소하므로, 고로 넓힐 수 있다."라는 말의 첫 번째 의미가 되죠. 그래서 노자는 『도덕경』에서 다음과 같이 말하기도 했습니다.

9-1: 그것을 가득 움켜쥐는 것은, 그것을 그만두느니만 못하다.

持而盈之, 不如其已.

우리에게 널리 알려진 탈무드(The Talmud)의 '포도밭의 여우' 이야기가 있습니다. 배고픈 여우가 포도밭을 지나다가, 우연히 울타리 밑의 작은 구멍을 발견했는데요. 간신히 포도밭 안으로 들어간 여우는 맛난 포도들을 배불리 먹고 다시 그 구멍으로 나오려고 했지만, 불룩 튀어나온 배 때문에 도저히 나올 수 없었습니다. 결국 여우는 튀어나온 배가 다시 홀쭉해진 뒤에야 구멍으로 나올 수 있었죠.

그리고 이와 비슷한 이야기가 또 하나 있습니다. 여러분 앞에 동전이 가득 담긴 유리병이 있고, 그 유리병의 주둥이는 겨우 손 하나가 들어갈 정도의 크기에 불과합니다. 그리고 누군가 우리에게 다가와서는, 유리병에 손을 집어넣어 원하는 만큼의 동전을 꺼내 가라고 합니다. 과연 우리는 원하는 만큼의 동전을 움켜쥐고 손을 꺼낼 수 있을까요? 빠지지 않는 손을 다시 유리병 주둥이 밖으로 꺼내려면 어떻게 해야 할까요?

그러므로 노자는 나라를 다스리는 지도자가 재물이나 희귀한 물건 또는 권력에 지나치게 집착하게 되면, 곧 자신의 자리를 오래 유지할 수 없거니와 심지어 망국으로까지 치닫게 된다고 말합니다. 이것이 지도자가 결코 사리사욕에 얽매여서는 안 되는 이유입니다.

9-3: 금과 옥이 집에 가득하면, 그것을 지킬 수 없다.

金玉滿堂, 莫之能守.

사리사욕에 눈이 멀어 재물을 늘리려 하면, 결국 원래 있었던 재물까지도 모두 잃게 됩니다. 따라서 지도자는 결코 재물에 집착해서는 안 되죠.

9-4: 부귀하고도 교만하면, 스스로 그 재앙을 남기는 것이다.

富貴而驕, 自遺其咎.

부귀에 정신이 팔려서 겸손해하지 않고 오히려 교만하면 자기에게 재앙을 남기게 되니, 결국 지도자의 자리를 잃게 될 뿐만 아니라 비참한 최후를 맞이하게 됩니다.

46-3: 재앙은 만족할 줄 모르는 것보다 더 큰 것이 없고, 환난은 얻고자 하는 욕망보다 더 큰 것이 있다. 그리므로 만족의 넉넉함을 알면 영원히 넉넉하다.

禍莫大於不知足, 咎莫大於欲得. 故知足之足, 常足矣.

지도자가 자신의 자리에 만족하지 않으면 전쟁과도 같은 엄청난 재앙을 일으키게 되고, 자꾸만 사리사욕을 탐하면 결국 백성이 등을 돌려서 그 자리조차도 지킬 수 없게 됩니다. 따라서 지도자가 자신의 자리를 지키고 욕심을 가지지 않게 되면, 백성이 믿고 따르게 되어 오랫동안 나라를 평온하게 다스릴 수 있는 겁니다.

또 국고 즉 나라의 곳간은 지도자 개인 재산이 아닌, 백성의 재산으로 채워진 공적인 창고라는 점을 잊으면 안 됩니다. 국고는 백성의 피와 땀을 걷어서 쌓아 올린 공유재산이죠. 리더가 백성의 피와 땀을 마치 자기 자신의 재산처럼 아껴서 자기에게는 엄격한 검소함의 검(儉)의 모습을 보여준다면, 그 모습을 바라보는 백성들은 누구보다도 더 큰 신뢰를 지도자에게 보냅니다. 그리고 백성의 마음을 사로잡은 지도자는 무한히 자기의 뜻을 넓힐 수 있습니다. 따라서 이것이 67-6 "검소하므로, 고로 넓힐 수 있다."라는 말의 두 번째 의미가 됩니다. 그래서 노자는 『도덕경』에서 또 다음과 같이 말하기도 했습니다.

53-3: 조정은 관직을 줌이 심하고, 밭에는 잡초가 무성함이 심하며, 창고는 비어있음이 심하다.

朝甚除, 田甚蕪, 倉甚虛.

지도자가 검소하지 못하고 사치하면 국고는 텅텅 비게 될 것이고, 그렇게 되면 지도자는 다시 국고를 채우기 위해서 백성들을 착취하는 악순환이 계속되게 됩니다.

75-1: 백성이 굶주리는 것은 그 위쪽이 부세를 많이 받기 때문이니, 이 때문에 기아에 허덕인다.

民之饑, 以其上食稅之多, 是以饑.

백성이 굶주림에 허덕이는 이유는 지도자가 법과 제도를 강화하여 세금을 더 부과하기 때문이죠.

75-2: 백성을 통치하기 어려운 것은 그 위쪽이 작위함이 있기 때문이니, 이 때문에 통치하기 어렵다.

民之難治, 以其上之有為, 是以難治.

지도자가 백성을 다스리기 어려운 이유는 백성들이 지도자를 믿고 따르지 않기 때문입니다. 그렇다면 백성이 지도자를 믿고 따르지 않는 이유는 무엇일까요? 지도자가 백성의 뜻을 헤아리지 않고, 자신의 사치를 위해서 더 많은 세금을 부과하여 착취하기 때문이라는 겁니다. 백성의 지도자에 대한 신뢰가 떨어지면, 지도자 앞에 기다리고 있는 건 과연 뭘까요?

75-3: 백성이 죽음을 가벼이 하는 것은, 그들이 살길을 찾는 것을 더 두터이 하기(어떻게든 살아남으려고 더 아등바등하려 들기) 때문이니, 이 때문에 죽음을 가벼이 여긴다.

民之輕死, 以其求生之厚, 是以輕死.

백성이 죽음을 두려워하지 않는다는 것은 그만큼 자기 본업에 충실할 수 없는 현실에 극도의 불만을 품고 있다는 뜻입니다. 따라서 백성들은 그들의 현재 삶이 차라리 죽는 것보다도 못하다고 생각하기 때문에, 죽음을 무릅쓰고 거리로 뛰쳐나와 더 나은 삶을 요구하게 되는데요.

사람에게 가장 두려운 것은 죽음입니다. 그런데 백성이 죽음을 두려워하지 않는다면, 이는 그들의 삶이 죽는 것보다도 더 못하기 때문이죠. 가뜩이나 살기가 힘들어 죽겠는데 지도자가 더 많은 세금을 부과하여 착취하면, 백성은 불만이 팽배해져 결국에는 죽음조차도 두려워하지 않게 됩니다. 그렇게 그들은 거리로 쏟아져 나와서 지도자에게 항의해왔고, 그래도 변하지 않으면 결국에는 지도자를 끌어내렸는데요. 이것이 동서고금의 변치 않는 역사입니다.

영국 등 일부 국가에는 아직도 상징적으로나마 국왕이나 여왕이 존재하지만, 프랑스나 러시아 등에서는 이제 그 자취를 찾아볼 수 없습니다. 이 사실이 우리에게 시사하는 바는 뭘까요? 프랑스 대혁명과 러시아 볼셰비키 혁명의 공통점은 모두 백성들에 의해서 지도자가 자리에서 내려와야 했다는 사실입니다.

검소함(儉)과 예(禮)의 관계

그렇다면 공자는 어떨까요? 예(禮)는 검소함(儉)을 바탕으로 해야 하므로, 검소함(儉)이 도의 중요한 구성 요소라는 점은 공자 역시 인정한 사실입니다. 다음 『논어』 구절도 함께 살펴보죠.

11-13: 노나라 사람이 '장부'라는 창고를 만들었다. 민자건이 말씀하셨다. "옛것을 그대로 쓰면 어떤가? 굳이 새로 지어야 하는가?" 공자가 말씀하셨다. "이 사람은 평소에 말을 많이 하지 않지만, 일단 말을 하면 반드시 정곡을 찌른다."

魯人爲長府. 閔子騫曰: "仍舊貫, 如之何? 何必改作?" 子曰: "夫人不言, 言必有中."

예나 지금이나 호화 청사 신축을 두고 말이 많았습니다. 우리나라도 예외는 아니죠. 그러다가 여론에 부딪혀서 신청사 건립 계획을 완전히 철회하고 기존 청사를 유지하는 경우도 생기고 있는데요. 이는 바로 시민들의 혈세를 쓸데없이 낭비하고 있는 것 아니냐는 취지에서 불거지고 있는 문제입니다.

7-35: 공자가 말씀하셨다. "삶이 넉넉하여 사치하면 다른 생각이 마음속에 둥지를 틀기 마련이고, 그렇게 되면 겸손함을 잃게 되어서 오만방자해진다. 하지만 검소함을 지키면 다른 생각이 마음속에 들어오지 않으므로 집착이 없어져 마음이 평온해진다. 나는 사치하여 겸손함을 잃기보다는, 차라리 검소함을 지켜서 마음의 평온함을 찾겠다."

子曰: "奢, 則不孫; 儉, 則固. 與其不孫也, 寧固."

검소함(儉)과 겸손함(謙)의 관계

앞에서 노자는 『도덕경』 9-4에서 부귀에 정신이 팔려서 겸손해하지 않고 오히려 교만하면 자기에게 재앙을 남기게 된다고 했습니다. 따라서 공자 역시 노자와 같은 취지로 이처럼 말한 것임을 알 수 있는데요. 이처럼 검소하지 못하면 겸손함을 잃게 되므로, 검소함(儉)은 바로 겸손함(謙)과 맞물려 돌아가는 겁니다.

3. 겸손함(謙): 감히 세상의 앞에 나서지 않음

노자는 『도덕경』 67-6에서 "감히 세상의 앞에 서지 않아서, 고로 천하의 우두머리가 될 수 있다."라고 말했습니다. 바로 노자의 세 가지 보물(三寶) 중 마지막은 지도자가 백성의 뜻을 자기 의지보다 우선시하는 겸손함의 겸(謙)의 태도를 말하는데요. 노자는 『도덕경』에서 다음처럼 얘기합니다.

> 7-1: 천지는 장구히 존재한다. 천지가 장구할 수 있는 것은 그가 자기만 살려고 하지 않기 때문이다.
>
> 天長地久.天地所以能長且久者, 以其不自生, 故能長生.

노자는 공존과 상생의 도리 즉 도의 중요한 구성 요소 중 하나인 조화로움의 화(和)를 강조했습니다. 그러므로 그는 이처럼 말합니다. "하늘과 땅을 중심으로 이 세상은 변치 않고 오랫동안 존재해왔다. 이렇듯 세상이 변치 않고 오랫동안 존재할 수 있었던 이유는, 자기만 살려고 발버둥 치지 않고 하늘과 땅 그리고 그 안에 있는 온갖 존재들이 한데 어우러져 함께 살려고 했기 때문이다. 따라서 나라가 변치 않고 오래 유지되려면 이처럼 좋은 것만 취하고 그렇지 못한 것은 버리는 것이 아니라, 누구 하나 버리지 않고 함께 해야 한다."

그렇다면 공존과 상생의 조화로움(和)을 위해서, 누가 먼저 어떻게 행동에 옮겨야 할까요? 노자는 계속해서 설명합니다.

7-2: 이 때문에 성인은 자기를 뒤에 두었지만 자기가 앞서게 되었고, 자기를 도외시했지만 자기를 보존할 수 있었다.

是以聖人後其身而身先, 外其身而身存.

대동 사회를 이끈 지도자인 성인은 자신을 백성 아래에 두었지만, 오히려 백성의 신망을 받아 위에 올라서 지도자가 될 수 있었고, 자기를 버리고 백성의 뜻에 따랐지만, 오히려 백성의 지지를 받아 지도자의 자리를 오랫동안 지킬 수 있었다고 말이죠.

그렇다면 "자기를 버리고 백성의 뜻에 따랐다."라는 말은 구체적으로 무엇을 뜻할까요? 다음 구절을 다시 살펴보겠습니다.

49-1: 성인은 늘 의지가 없어서, 백성의 마음을 의지로 삼는다.

聖人常無心, 以百姓心為心.

앞에서 성인(聖人)의 '성스러운 성(聖)'은 백성의 말에 귀를 기울인다는 뜻이라고 했습니다. 대동 사회를 이끈 참된 지도자들은 자신의 주관적인 생각이나 의지를 주장하지 않고, 항상 눈과 귀를 열어서 백성의 뜻을 깊이 헤아리고자 했죠. 백성이 바라는 바를 지도자가 바라는 바로 삼아서 그들의 뜻에 따르는 것이 바로 주어진 천성에 따르는 건데요. 이처럼 지도자가 자기 의지를 관철하지 않고 항상 백성의 소리에 귀 기울이는 즉 자기에게 엄격한 겸손함(謙)의 모습을 보이면, 결국 백성들도 지도자의 마음을 그들의 마음으로 삼게 된다는 겁니다. 백성의 마음을 사로잡은 사람이야말로 진정한 우두머리가 될 자격이 있으니까요. 그래서 노자는 다음처럼 말하기도 했습니다.

7-3: 이는 자기를 사사로이 하지 않았기 때문이 아닌가? 그러므로 사사로움을 이룰 수 있었다.

非以其無私邪? 故能成其私.

성인은 자기를 버리고 백성의 마음을 자기의 마음으로 삼았기 때문에 그들의 신망을 받아 지도자가 될 수 있었고, 또 그 자리를 오랫동안 지킬 수 있었던 겁니다. 결국 자기를 버렸기 때문에, 지도자의 자리를 오랫동안 지키는 사사로움을 이룰 수 있었던 거죠.

그리고 이러한 지도자들은 겸손함(謙)의 자세를 잊지 않기 위해서, 자신의 호칭을 그 출발점으로 삼았습니다.

39-4: 이 때문에 한 나라의 왕은 스스로 고, 과, 불곡이라고 칭하였다.

是以侯王自謂孤寡不穀.

예로부터 지도자는 자신을 낮춰서 스스로 외로운 존재, 작고 미약한 존재 그리고 곡식만도 못하여 백성을 잘 기르지 못하는 존재라고 불렀습니다. 앞에서 홀아비와 홀어미, 부모 없는 고아와 자식이 없어 의지할 데 없는 독거노인을 나타내는 환과고독(鰥寡孤獨)은 사회의 최약자층을 가리킨다고 했었죠? 또 곡식은 사람이 기르는 물건이므로, 이를 부정하는 '불곡(不穀)'은 곡식보다 못하다는 뜻이 됩니다. 따라서 한 나라의 왕이 이러한 단어들을 자신의 호칭으로 삼았다는 것은, 자기가 백성보다 나약한 존재이고 나아가 본인이 지도자로서 백성을 잘 다스리지 못하고 있다는 자책과 겸손의 표현이 되는 겁니다. 실제 역사가 증명하듯이 한국에서도 과거 임금들이 스스로 '과인(寡人)'이라고 부름으로써 자신을 백성 아래로 낮추는 자세를 실천했습니다.

노자가 겸손함(謙)의 중요성을 설명하기 위해서 또 어떤 수사를 사용했는지 살펴볼까요?

41-6: 높은 덕은 마치 계곡과 같고, 대단히 깨끗한 것은 마치 욕된 듯하다.

上德若谷, 大白若辱.

진정으로 고상한 덕이란 마치 계곡과도 같이 산이나 평지보다 더 아래에 처하여, 넓은 마음으로 모두를 포용하는 겁니다. 또 진정으로 순결한 것은 마치 욕보는 듯이 백성 아래에 처하여, 그들을 위해 모든

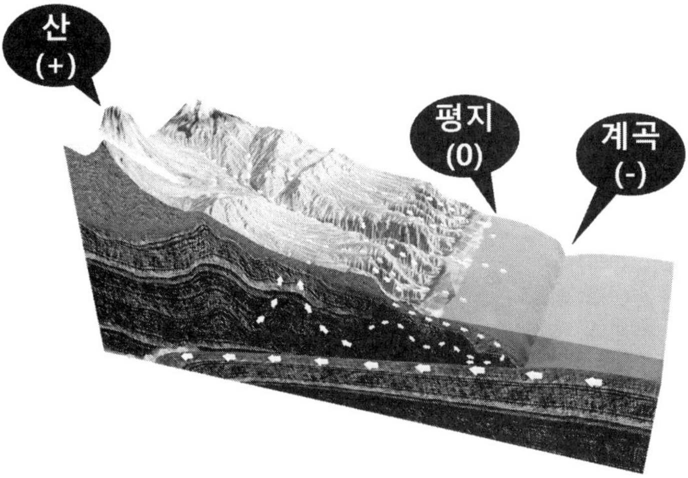

수치스러움을 감수하는 거죠. 이제 다음의 두 기록을 읽으며 이 구절의 뜻을 좀 더 음미해볼까요?

고공단보는 선조인 후직과 공류의 공적을 더욱 갈고닦아서 덕을 쌓고 의로움을 행하자, 나라 사람들이 모두 그를 받들었다. 그런데 오랑캐인 훈육과 융적이 그를 공격하여 재물을 얻으려고 하자, 고공단보는 그들에게 재물을 주었다. 하지만 얼마 되지 않아서 다시 공격하여, 이번에는 아예 고공단보의 땅과 백성을 얻고자 했다. 이에 백성들이 모두 노하여, 그들과 싸우려 했다. 그때 고공단보가 말했다. "백성이 임금을 세우는 것은, 장차 자신을 이롭게 하려는 것이다. 지금 융적이 공격하는 이유는, 나의 땅과 백성 때문이다. 백성들이 나에게 있는 것과 저들에게 있는 것이, 무슨 큰 차이가 있겠는가? 백성들이 나 때문에 저들과 싸운다면 나는 백성의 아비와 자식을 죽여서 임금이 되는 것일 터이니, 나는 차마 임금자리를 그들의 목숨과 바꿀 수 없다!" 이에 고공단보는 가신들과 더불어 빈 지역을 떠나서 칠수와 저수를 건너고 양산을 넘어서, 마침내 기산 아래에 머물렀다. 그런데 빈 지역 사람들이 노인을 부축하고 어린이의 손을 이끌어, 모두가 다시 기산 아래의 고공단보에게 몰려들었다. 심지어 이웃 나라에서 고공단보가 어질다는 소식을 듣고는, 역시 많은 이들이 몰려와 그의 백성이 되었다.

古公亶父復脩后稷·公劉之業, 積德行義, 國人皆戴之. 薰育戎狄攻之, 欲得財物, 予之. 已復攻, 欲得地與民. 民皆怒, 欲戰. 古公曰: "有民立君, 將以利之. 今戎狄所爲攻戰, 以吾地與民. 民之在我, 與其在彼, 何異? 民欲以我故戰, 殺人父子而君之, 予不忍爲." 乃與私屬遂去豳, 度漆·沮, 踰梁山, 止於岐下. 豳人擧國扶老攜弱, 盡復歸古公於岐下. 及他旁國, 聞古公仁, 亦多歸之.

- 『사기』「주본기(周本紀)」

큰 가뭄이 칠 년이나 계속되자, 태사가 점을 쳐 말했다. "백성 중 한 명을 제물로 바쳐서 기도해야 합니다." 그러자 탕이 말했다. "내가 원하는 바는 백성을 위한 것이니, 만약 반드시 사람을 희생시켜서 기도해야 한다면, 나 스스로가 제물이 되기를 청한다."

大旱七年, 太史占之曰: "當以人禱." 湯曰: "吾所爲請者, 民也, 若必以人禱, 吾請自當."

- 『십팔사략』「은왕조(殷王朝)」

이처럼 고공단보나 탕임금과 같은 지도자들은 자신을 백성 아래에 두고 그들을 위해서 수치스러움을 감수했으므로, 그로 인해 그들의 덕은 더욱 높아지고 그들의 정신은 더욱 순결해진 것이 아닐까요?

41-7: 넓은 덕은 마치 부족한 듯하고, 덕을 세우는 것은 마치 남몰래 하는 듯하다.

廣德若不足, 建德若偷.

세세한 법과 제도로 일일이 통제하지 않고 하늘이 부여한 천성에 따라 세상을 모두 수용하는 지도자는 언뜻 보기에는 허술한 듯합니다. 그리고 자신에게 엄격하고 타인에게 관대함을 베푸는 지도자는 자신의 덕행을 남에게 드러내지 않죠. 그러므로 우리는 덕을 이야기할 때 드러나지 않는 음덕(陰德)이라고 부릅니다. 남에게 드러내면서 행하는

'양덕'이라는 표현은 존재하지 않습니다.

물론 너무나 당연하게도, 공자 역시 노자와 마찬가지로 도의 구성 요소 중 하나인 겸손함(謙)을 대단히 중시했습니다. 다음 기록들을 살펴보죠.

5-5: 공자가 칠조개로 하여금 벼슬을 하게 하였다. 칠조개가 대답하여 말씀하셨다. "제가 아직 능력이 부족하여 벼슬을 맡을 수 없습니다." 그러자 공자가 기뻐하셨다.

子使漆雕開仕. 對曰: "吾斯之未能信." 子說.

여기서 공자는 제자 칠조개의 능력이 충분하다고 생각하여 적합한 벼슬자리에 그를 추천한 겁니다. 그런데 칠조개는 왜 자신이 아직 부족하다고 생각하여 사절했고, 또 공자는 왜 그런 칠조개의 모습을 보면서 크게 기뻐한 걸까요? 이제 다음 구절을 함께 살펴보겠습니다.

8-13: 공자가 말씀하셨다. "오랜 기간 동안 도를 배우고도, 조정에 들어가 벼슬하여 녹봉을 받으려고 애쓰지 않는 사람은 쉬이 찾을 수 없다."

子曰: "三年學, 不至於穀, 不易得也."

공자가 56세에 노나라를 떠나 전국을 주유하다 67세에는 위나라에 머무르고 있었는데, 그의 제자들 상당수가 위나라에서 벼슬을 하고 있었습니다. 이는 공자 제자들 대다수가 '도' 자체를 수련하기보다, '도'를 배워서 직접 정치에 종사하고자 했음을 방증하는 겁니다. 그리고 당시 전국적으로 공자의 명성이 자자해서, 그들은 먼 곳을 마다하지 않고 찾아와 제자가 되고자 한 거죠. 예나 지금이나 유명 정치인 밑에서 정치를 배우면, 아무래도 좀 더 빨리 꿈을 이룰 수 있으니까요. 상황이 이런데도 칠조개는 자기가 아직 부족하다며 사양하고 있으니, 이는 겸손한 척만 하는 게 아닌 진심으로 자신이 아직 부족하다고 인정하는 겸손함(謙)을 실천하고 있는 거죠. 공자가 이처럼 도에 이르기 위해 정진하는 제자의 모습을 보고 기뻐하지 않는 게 더 이상하지 않을까요?

6-13: 공자가 말씀하셨다. "맹지반은 자기 공로를 결코 자랑하지 않는다. 패전하여 도망갈 때 일부러 아군 후미로 처져서 쫓아오는 적군들을 상대하다가, 마지막으로 성문을 들어가면서 자기가 탄 말을 채찍질하며 말했다. '내가 일부러 뒤로 처진 게 아니라, 내가 탄 말이 앞으로 나아가지 않은 탓에 마지막으로 들어온 것이다.'"

子曰: "孟之反不伐. 奔而殿, 將入門, 策其馬, 曰: '非敢後也, 馬不進也.'"

여기서도 공자는 노나라 대부 맹지반이 자기의 공로를 스스로 떠벌리지 않은 모습을 들어서 '도'의 구성 요소 중 하나인 겸손함(謙)을 논하고 있는데, 이제 『좌전』 「애공 11년」 기록을 간략하게 정리해서 무슨 일이 있었는지 좀 더 구체적으로 살펴보죠.

노나라와 제나라가 교외에서 전쟁을 했습니다. 이때 노나라 군대가 강을 건너지 못하자, 공자의 제자 번지는 좌군을 이끌던 또 다른 제자 염구에게 군사들이 그대를 믿지 못하니 상벌에 대해서 세 번 말하면 건너게 될 것이라고 했죠. 염구가 번지의 말대로 하자, 노나라 군사들이 정말로 강을 건너 제나라 군사들과 용감하게 싸웠습니다. 하지만 노나라 우군은 겁내서 도망을 갔고, 제나라 군사들이 노나라 군사들을 추격했습니다. 이때 우군에 있던 장수 맹지반은 일부로 뒤처져서 제나라 군대의 추격을 뿌리침으로써, 자기 부하들을 보호했던 겁니다.

『사기』「공자세가」에 따르면, 이 전쟁은 애공 11년 즉 공자 나이 68세 때 발생했습니다. 그리고 공자는 염구가 신하된 자로서 노나라를 위해 목숨을 걸고 공을 세운 의로운(義) 사람이라면서 승리를 치하했죠. 하지만 훗날 염구가 계강자를 위해서 백성들을 착취하자, 이제 자기 제자가 아니라면서 분노했습니다. 따라서 여기서도 의로움(義)이 '도'의 구성 요소이기는 하지만, 다른 구성 요소들과 유기적인 조화를 이루지 못하면 군자가 될 수 없다는 사실도 다시 한번 확인할 수 있습니다.

4. 중(中)과 조화로움(和)을 위한 그 밖의 구성 요소

노자가 따른 하늘의 도(天道)는 대원칙만을 중시하여, 법과 제도를 세분화하고 강화해서 일일이 통제하려 들지 않습니다. 따라서 하늘의 도(天道)는 세 가지 보물(三寶)을 끝으로 그 구성 요소에 대한 설명이 마무리됩니다.

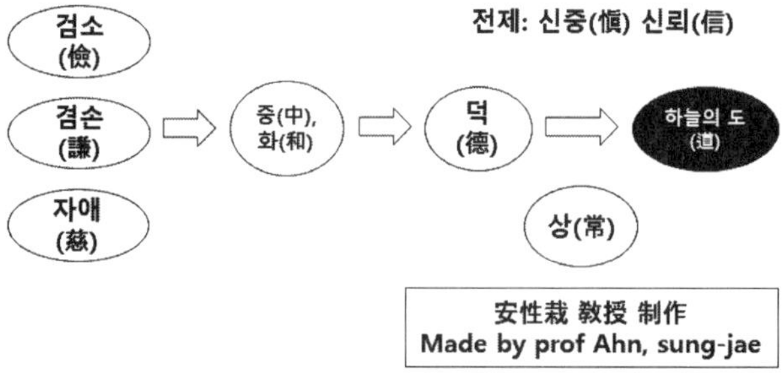

반면 공자가 따른 사람의 도(人道)는 애써서 잘못을 바로잡는 것이므로, 부득이하게 근본 원칙을 세분하고 강화했다고 했습니다. 그러므로 사람의 도(人道)를 구성하는 요소는 하늘의 도(天道)에서 몇몇이 더 추가됩니다.

강직함(剛): 마음이 굳세어 사리사욕을 탐하지 않음

공자는 『논어』에서 먼저 강직함(剛)에 대해서 다음처럼 언급하고 있습니다.

> 5-10: 공자가 말씀하셨다. "나는 강직한 이를 만나보지 못했다." 어떤 이가 대답했다. "신장이 강직합니다." 공자가 말씀하셨다. "신장은 사사로운 탐욕을 부리는데, 어떻게 강직하다고 할 수 있겠는가?"
>
> 子曰: "吾未見剛者." 或對曰: "申棖." 子曰: "棖也慾, 焉得剛?"

신장이 공자의 제자였다는 설이 있는데, 정확하진 않습니다. 다만 이 구절을 통해서 공자는 신장이 어떤 사람인지 잘 파악하고 있었던 것 같습니다. 그리고 이제 위의 내용을 정리해보면 강직함(剛)의 의미가 명확하게 드러나는데, 바로 '마음이 굳세어 사사로운 탐욕을 부리지 않음'을 뜻합니다. 그래서 공자는 『논어』의 또 다른 두 구절에서 강직함(剛)의 중요성을 거듭 역설하기도 했습니다.

> 9-18: 공자가 말씀하셨다. "예를 들어서 흙을 쌓아 산을 만드는데 삼태기 하나 분량의 흙만 부으면 완성되는데도 힘들다고 거기서 멈추고 포기하면, 그건 다름 아닌 나 스스로 그만두는 것이다. 예를 들어서 구덩이를 메워 땅을 고르게 하는데 비록 삼태기 하나 분량의 흙을 처음 부은 것에 불과하지만 끝까지 포기하지 않고 멈추지 않으면, 그건 다름 아닌 나 스스로 앞으로 나가는 것이다."
>
> 子曰: "譬如爲山, 未成一簣, 止, 吾止也. 譬如平地, 雖覆一簣, 進, 吾往也."

이와 비슷한 취지의 구절은 『상서』에도 나옵니다.

"아! 아침저녁으로 부지런히 힘써야 하니, 공경하여 세심하게 행하지 않으면 결국 큰 덕이 더럽혀지오. 아홉 길의 높은 산을 만드는데 그 공로가 한 삼태기의 흙이 부족함으로 인해 무너지게 되오."

"嗚呼! 夙夜, 罔或不勤, 不矜細行, 終累大德. 爲山九仞, 功虧一簣."

-『상서』「여오(旅獒)」

이는 주나라 소공이 무왕이 주나라를 건국한 후 혹시 자만하여 정치를 등한시할까 염려하여 한 말입니다. 이 구절을 통해서도 공자의 발언들이 그만의 독창적인 가치관에서 나온 것이 아니라, 기본적으로 문장(文) 즉 옛 기록들에 근거한 것임을 다시 한번 확인할 수 있습니다.

9-25: 공자가 말씀하셨다. "규모가 큰 군대의 우두머리 장수를 빼앗는 게 차라리 쉽지, 일개 평범한 사내라고 할지라도 그가 일단 마음먹은 굳은 의지를 빼앗을 수는 없다."

子曰: "三軍, 可奪帥也; 匹夫, 不可奪志也."

한 나라의 삼군 사령관을 빼앗는 게 어떻게 쉬운 일이겠습니까? 여기선 아무리 평범한 사람일지라도 일단 굳게 마음을 먹으면, 그 의지를 꺾는 건 쉽지 않다는 걸 비유적으로 설명하고 있음을 알 수 있습니다.

그런데 공자는 『논어』에서 또 다음처럼 설명하고 있습니다.

13-27: 공자가 말씀하셨다. "마음이 굳세어 사사로운 탐욕을 부리지 않는 강직함, 의로움을 몸소 실천하는 용감함, 꾸밈없이 질박한 검소함, 말을 함부로 하지 않는 신중함은 어짊에 가까워지게 한다."

子曰: "剛毅木訥, 近仁."

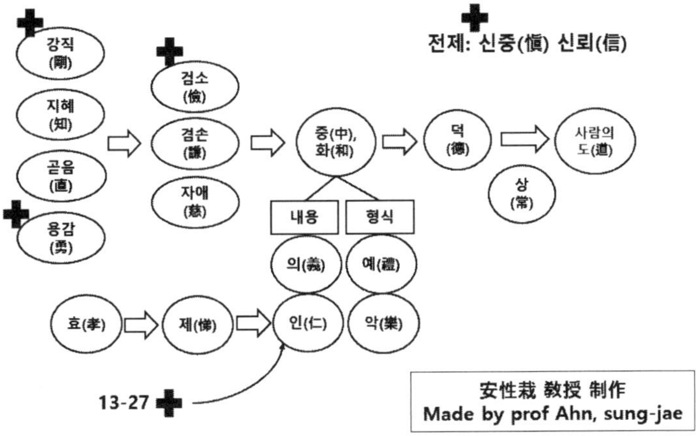

'도'는 작은 것에서 시작하여 한 걸음 한 걸음 점차 큰 것으로 확대해 나가는 겁니다. 따라서 공자는 여기서도 스텝 바이 스텝(step by step)의 도리를 천명하고 있죠. 즉 상위에 있는 어짊(仁)에 이르기 위해서는 먼저 그 하위의 구성 요소인 강직함(剛)과 용감함(勇=毅), 검소함(儉=木) 그리고 신중함(愼=訥)을 실천해야 한다고 다시금 설명하고 있습니다. 그래서 공자는 역시 『논어』에서 다음처럼 말하기도 했죠.

7-29: 공자가 말씀하셨다. "어짊이 나에게서 멀리 떨어져 있는가? 내가 어질고자 노력하면, 어짊이 나에게로 다가온다."

子曰: "仁遠乎哉? 我欲仁, 斯仁至矣."

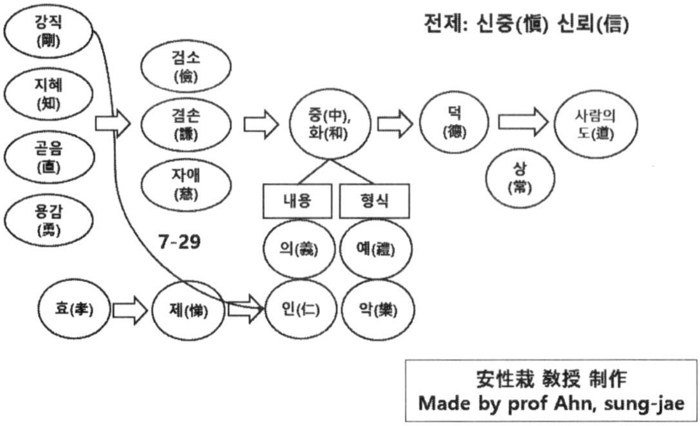

이 말뜻은 모든 일의 결과가 자기 자신으로 인해 말미암는다는 겁니다. 잘되면 내가 끝까지 노력한 덕분이고, 잘못되면 내가 중도에 포기한 탓이라는 거죠. 자기의 의지가 모든 것을 좌우한다는 말입니다. 따라서 공자는 결국 여기서도 흔들리지 않는 굳센 의지인 강직함(剛)을 실천해야 만이 비로소 어짊(仁)에 도달할 수 있다고 강조하는 걸 알 수 있습니다.

올곧음(直): 사사로운 정에 얽매이지 않고 공정하게 판단하는 자세

『논어』에는 다음과 같은 대화가 기록되어있습니다.

> 2-19: 애공이 물었다. "어찌해야 백성들이 복종하겠소?" 공자가 대답하셨다. "사사로운 정에 얽매이지 않고 공정하게 판단할 수 있는 올곧은 이를 등용하여 올

곧지 못한 이들을 바로잡으면, 곧 백성들이 지도자의 선함에 감동하여 복종할 것입니다. 하지만 그 반대로 올곧지 못한 이를 등용함으로써 올곧은 이가 묻히게 하면, 백성들은 지도자를 신뢰하지 않기 때문에 복종하지 않습니다."

哀公問曰: "何爲, 則民服?" 孔子對曰: "擧直錯諸枉, 則民服; 擧枉錯諸直, 則民不服."

여기서는 먼저 올곧음(直)이 뭔지 이해해야 합니다. 『좌전』「소공(昭公) 14년」의 기록을 살펴보죠.

진(晉)나라의 형후와 옹자가 '축(鄐)' 지역을 가지려고 오랫동안 다퉜는데, 이 일은 본래 법 담당인 사경백이 판단해야 할 업무였지만, 마침 다른 일 때문에 초나라로 가느라 자리를 비웠다. 이에 한선자의 명으로 숙어가 대리로 그 일을 판단했는데, 사실 잘못은 옹자가 했지만 옹자가 그의 딸을 숙어에게 바치자 숙어는 잘못을 형후에게 덮어씌웠고, 결국 형후는 분노하여 숙어와 옹자를 모두 조정에서 죽였다. 한선자가 숙향에게 누구의 잘못이냐고 묻자, 숙향은 "옹자는 자신의 잘못을 알면서도 뇌물로 속였고, 숙어는 공정해야 할 소송을 거래하는 물건으로 여겼으며, 형후는 사람을 함부로 죽였는데, 「하서」에 잘못을 미화하는 혼(昏)과 뇌물을 받아 관료의 권위를 더럽히는 묵(墨) 그리고 함부로 사람을 죽이는 적(賊)은 모두 사형에 처한다고 되어있으니, 세 사람의 죄는 같습니다."라고 대답했다.

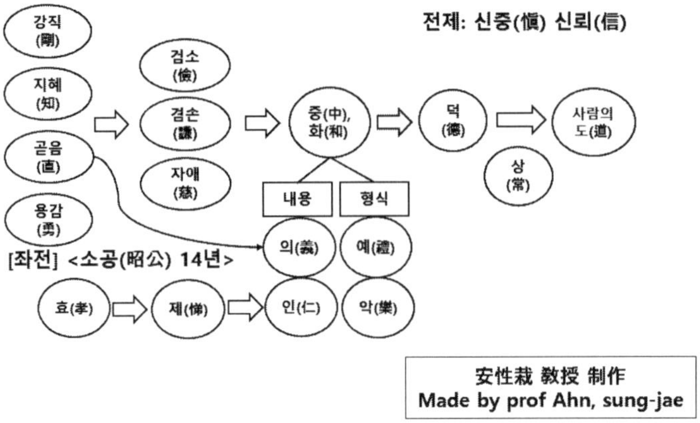

이 일에 대해서, 공자는 숙향이 숙어의 친형인데도 사사로운 정에 얽매이지 않고 공정하게 판단함으로써 예로부터 내려오는 올곧음(直)을 따랐으니 의로운(義) 사람이었다고 평가했습니다. 따라서 올곧음(直)은 바로 '사사로운 정에 얽매이지 않고 공정하게 판단하는 것'이고, 의로움(義)을 행하기 위한 전제조건임을 알 수 있죠.

대통령이 청렴결백한 인물을 총리로 임명한다면, 이는 무엇을 의미할까요? 바로 부정부패를 척결하겠다는 강한 의지를 드러낸 겁니다. 그럼 그 아래의 장관들은 그 의중을 알아차리고 더욱 신중한 모습을 보이겠죠. 반면에 대통령이 비리로 얼룩진 인물을 장관에 임명한다면 어떨까요? 당연히 차관이나 국장 등 그 밑에 있는 사람들은 아무런 거리낌도 없이 부정부패를 저지를 겁니다. 왜냐면 직속 상관이 처벌받기는커녕 오히려 중용을 받으니, 무엇을 걱정할 필요가 있겠습니까?

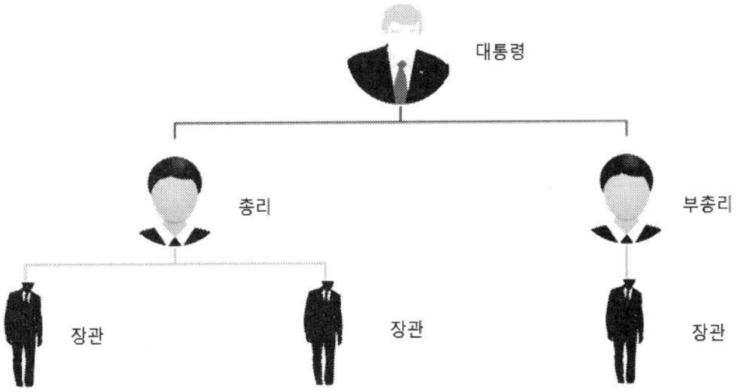

하지만 그 모습을 보는 국민들은 어떨까요? 그들에게 실망하고 나아가 반발할 겁니다.

정치는 이처럼 단 한 사람에게서 시작됩니다. 물론 정치는 한 사람만 잘해서 될 순 없습니다. 역대로 태평성대를 구가한 시절에는 임금과 그를 보필하는 충신들이 늘 함께했기 때문입니다. 하지만 최고 지도자 단 한 명이 어떤 길을 걷는지에 따라서, 그 나라의 정치는 크게 바뀝니다. 이러한 내용은 『논어』 12-22에도 보이니 함께 살펴보죠.

> 번지가 어짊(仁)에 대해서 물으셨다. 공자가 말씀하셨다. "그 사람을 진심으로 사랑하여 따르는 것이다." 번지가 안다는 것(知)에 대해 물으셨다. 공자가 말씀하셨다. "그 사람이 어떤 사람인지 아는 것이다." 하지만 번지가 이해하지 못했다. 그러자 공자가 말씀하셨다. "올곧은(直) 이를 뽑아 굽은 이들 사이에 섞으면, 굽은 이들을 곧게 할 수 있다." 번지가 물러나, 자하를 만나 말씀하셨다. "방금 내가 스승을 뵙고 앎에 대해 물었는데, 스승께서는 '올곧은 이를 뽑아 굽은 이에 섞으면, 굽은 이를 곧게 할 수 있다'라고 하셨습니다. 그게 무슨 뜻입니까?" 그러자 자하가 말씀하셨다. "심오하구나, 스승의 말씀이! 순임금이 세상을 다스릴 때 고요를 선발하여 등용하자, 어질지 못한 사람들이 감히 조정에 발을 들이지 못했습니다. 또 상나라의 탕임금이 세상을 다스릴 때 이윤을 선발하여 등용하자, 어질지 못한 사람들이 감히 조정에 발을 붙이지 못했다는 말씀이십니다."

問知. 子曰: "知人." 樊遲未達. 子曰: "擧直錯諸枉, 能使枉者直." 樊遲退, 見子夏曰: "鄕也吾見於夫子而問知, 子曰: '擧直錯諸枉, 能使枉者直.' 何謂也?" 子夏曰: "富哉, 言乎! 舜有天下, 選於衆, 擧皐陶, 不仁者遠矣. 湯有天下, 選於衆, 擧伊尹, 不仁者遠矣."

이제 이를 바탕으로, 다음 『예기』의 기록이 무엇을 말한 것인지 알아볼까요?

요순이 어짊(仁)으로 세상을 다스리자 백성들이 따라서 어질어졌고, 걸주가 포악함으로 세상을 다스리자 백성들이 따라서 포악해졌다. 지도자가 명령하는 바가 백성이 좋아하는 바와 반대되면, 백성들은 따르지 않는다.

堯舜帥天下以仁, 而民從之; 桀紂帥天下以暴, 而民從之. 其所令反其所好, 而民不從.

- 『예기』「대학(大學)」

요임금과 순임금이 세상을 다스리자 백성들은 선해졌지만, 하나라와 상나라의 마지막 임금인 걸임금과 주임금이 세상을 다스리자 백성들이 포악해진 거죠. 지도자는 백성들의 거울입니다. 백성들은 지도자라는 거울을 통해서 자신의 모습을 확인하죠. 따라서 지도자가 어떤 모습을 보이느냐에 따라서, 백성들의 품성 역시 결정됩니다. 윗물이 맑아야 아랫물도 맑기 마련입니다. 물론 백성들이 지도자에 불만을 가져서 반발하면, 지도자는 그 자리를 오래 지킬 수 없겠죠. 그래서 『예기』에서는 다음과 같이 말하기도 했습니다.

"문왕과 무왕의 정치는 목판과 대쪽에 기록되어 드러나 있습니다. 적합한 사람이 자리에 있으면 곧 그 정치가 흥기하게 되고, 적합한 사람이 자리에 없으면 그 정치는 멈추게 됩니다."

文武之政, 布在方策. 其人存, 則其政擧; 其人亡, 則其政息.

-『예기』「중용(中庸)」

이처럼 최고 지도자에게 요구되는 가장 중요한 임무는 바로 올바른 인재 선발인 겁니다. 이는 아무리 강조해도 부족함이 없습니다.

목판과 대쪽은 방책(方策) 즉 선왕들의 행적을 새긴 나무판과 대나무 조각을 나타냅니다. 당시는 한나라 이전이기 때문에 아직 종이가 발명되지 않았죠. 따라서 여기서도 문왕과 무왕의 정치 기록이 바로 문(文)이고, 이는 주나라 문왕과 무왕의 정치행적을 기록한 '도'의 내용이 되며, 나아가 공자의 '도'는 문왕과 무왕의 정치 즉 소강 사회의 통치 이념인 사람의 도(人道)를 말하고 있는 것임을 다시 한번 확인할 수 있습니다.

지금까지 설명한 내용을 바탕으로 해서 이제 『논어』의 다음 기록을 보면, 올곧음(直)에 대한 개념이 좀 더 분명해집니다.

5-23: 공자가 말씀하셨다. "누가 미생고를 올곧다고 평하는가? 어떤 사람이 식초를 빌려달라고 했더니, 식초를 자기 이웃에서 빌려다 주었다. 이건 남의 것을 마치 자기 것처럼 속여서 아첨하는 행위이므로, 남들 시선을 의식한 생색내기에 불과하다. 없으면 없다고 있는 그대로 말하는 것이야말로 진정한 올곧음이다."

子曰: "孰謂微生高直? 或乞醯焉, 乞諸其鄰而與之."

올곧음(直)은 사사로운 정에 얽매이지 않고 공정하게 판단하는 자세이고, 또 의로움(義)을 행하기 위한 전제조건이라고 했습니다. 따라서 진정한 올곧음(直)이란 자기 능력 안에서 해결 가능할 땐 가능하다고 말하고, 또 없으면 없다고 있는 그대로 말해야 하는 겁니다.

그런데 다음 『논어』 구절을 살펴보면, 올곧음(直)을 행하기 위한 전제가 무엇인지 명확해집니다.

13-18: 초나라 재상 섭공이 공자에게 은근히 자랑스럽게 말했다. "내 고을에 직궁이라는 인물이 있는데, 그의 아비가 양을 훔치자 아비를 고발했소." 그러자 공자가 말씀하셨다. "제 마을의 곧은 사람은 그와 다릅니다. 아비는 자식을 위하여 숨기고, 자식은 아비를 위하여 숨깁니다. 곧음은 그 가운데 있는 것입니다."

葉公語孔子曰: "吾黨有直躬者, 其父攘羊而子證之." 孔子曰: "吾黨之直者, 異於是. 父爲子隱, 子爲父隱. 直在其中矣."

사실 섭공의 말은 원칙적으로 올곧음(直)의 기준에 위배되지 않습니다. 하지만 공자는 뜻밖에도 왜 여기서 아버지와 자식이 서로 잘못하면 그 죄를 숨겨주는 것이 곧음(直)이라고 말하고 있을까요?

『맹자(孟子)』「진심장상(盡心章上)」에서 도응의 질문에 맹자는 "만약 순이 임금일 때 장님인 아버지 고수가 살인을 저질렀다면, 그는 천하를 헌 짚신 버리듯이 하여 아버지를 업고 바닷가로 달아나 살면서도, 죽을 때까지 즐거워하며 천하를 잊었을 것이다."라고 대답했습니다. 즉 맹자와 공자의 가치관은 일치하고 있으니, 바로 여기서 공자는 효도(孝)가 올곧음(直)보다 더 상위에 있는 개념이라고 설명하는 거죠.

13-18

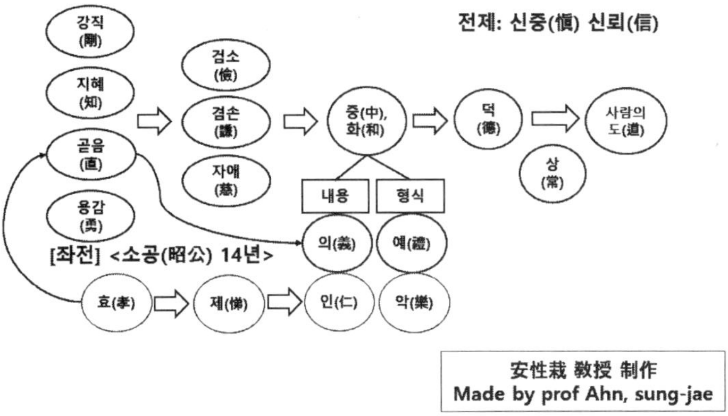

실제로 올곧음(直)과 어짊(仁)의 출발점인 효도(孝)는 모두 '도'의 중요한 구성 요소입니다. 하지만 효도(孝)가 올곧음(直)보다 상위에 있습니다. 즉 두 가치관이 충돌하여 모순을 일으킬 때는, 상위에 있는 것을 우선적으로 고려해야 한다는 뜻입니다. 다시 말해서 '사사로운 정에 얽매이지 않고 공정하게 판단함'으로써 누구를 막론하고 그 잘못을 신고하는 것은 옳은 행위이지만, 그 대상이 부모라면 마땅히 자식 된 도리로서 먼저 그들을 보호해야 한다는 겁니다. 물론 아무리 부모일지라도, 그들의 잘못을 숨기고 나아가 맹목적으로 비호하는 건 잘못된 행위입니다. 순임금이 한 치의 망설임도 없이 임금 자리를 버리고 아비를 업고 바닷가로 달아난 것처럼, 자식은 그에 상응하는 대가를 치러야만 하겠죠.

지혜로움(知): 초자연적인 힘에 의탁하지 않고 객관적으로 판단하는 태도

『논어』에서 공자는 지혜로움(知)에 대해서 다음과 같이 설명합니다.

6-20: 번지가 지혜로움에 대해서 물으셨다. 공자가 말씀하셨다. "지도자로서 솔선수범하여 백성들이 의로움(義)을 행하도록 권하고, 조상을 공경하되 그들의 초자연적인 힘에 의탁하지 않는 객관적인 판단력이 있으면 지혜롭다고 할 수 있다." 이어서 번지가 어짊(仁)에 대해서 물으셨다. 그러자 공자가 말씀하셨다. "먼저 자기의 군주를 진심으로 섬기고 따름으로써 나라에 발생한 어려운 일을 극복한 후에, 사적인 명예나 공로 등의 이익을 추구하면 어질다고 할 수 있다."

樊遲問知. 子曰: "務民之義, 敬鬼神而遠之, 可謂知矣." 問仁. 曰: "仁者先難而後獲, 可謂仁矣."

백성들이 의로움(義)을 행하도록 하는 가장 현명한 방법은, 지도자가 먼저 솔선수범하는 모습을 보이는 겁니다. 또 조상을 공경하되 그들에게 말도 안 되는 소원을 빈다면 지혜로운 게 아니라고 하고 있으니, 지혜로움(知)이란 솔선수범하여 백성과 나라를 위한 공익을 꾀하고 나아가 초자연적인 힘에 의탁하지 않는 객관적인 판단력을 뜻하죠. 가령 예를 들어서 조상님께 기도하면서 아들을 낳게 해달라는 소원을 빌거나, 적이 침공했을 때 아무런 방비도 없이 그저 하늘에 빌면서 살려달라고 애원하기만 한다면, 이는 초자연적인 힘에 의탁하는 겁니다.

그렇다면 지혜로움(知)과 어짊(仁)은 어떤 관련이 있길래, 번지는 지혜로움(知)에 이어서 어짊(仁)에 대해서 물은 걸까요?

6-21: 공자가 말씀하셨다. "지혜로운 사람은 사리에 밝으므로 물과 같이 계속 앞으로 나아가면서 응용하고, 어진 사람은 진심으로 윗사람을 섬기므로 산과 같이 중후하게 원칙적으로 한 곳을 지킨다. 지혜로운 사람은 변화하고, 어진 사람은 고요하게 머문다. 지혜로운 사람은 물이 나아가는 것처럼 변하는 것을 즐기고, 어진 사람은 산과 같이 한 곳을 지키기에 자신이 받은 천성을 다하게 된다."

子曰: "知者樂水, 仁者樂山. 知者動, 仁者靜. 知者樂, 仁者壽."

3-8에서 자하가 흰 도화지에 해당하는 흰 명주와 채색하는 것을 '도'의 내용과 '도'의 형식으로 비유하자, 공자는 그의 연상 능력에 기뻐하면서 자하가 이제 『시경』에 대해 함께 논할 수 있는 수준에 이르렀다고 칭찬했습니다. 이처럼 공자는 예로부터 내려오는 대원칙을 바탕으로 해서 이를 확대 응용할 줄 아는 이른바 연상 능력과 응용력을 강조했습니다. 따라서 어짊(仁)은 산처럼 쉬이 움직이지 않는 대원칙이 되고, 지혜로움(知)은 물처럼 끊임없이 움직이며 원칙을 응용하는 연상 능력이 되죠. 그러므로 공자는 또 다음과 같이 설명합니다.

4-2: 공자가 말씀하셨다. "어질지 못한 이는 오랫동안 검소한 자세를 지속할 수 없고, 검소한 자세를 지속할 수 없으면 도를 배워서 행하는 즐거움을 지속해서 누리지 못한다. 반면에 어진 사람은 진심으로 임금을 섬기고 따르므로 편안하게 어진 태도를 유지할 수 있고, 지혜로운 자는 어짊을 이롭게 한다."

子曰: "不仁者, 不可以久處約, 不可以長處樂. 仁者安仁, 知者利仁."

동서고금을 막론하고 쿠데타를 일으켜 독재정권을 세운 이들은, 하나같이 야심으로 가득 찬 인물들입니다. 그 원인이 권력욕이건 금전욕이건 간에 말입니다. 따라서 그들은 검소함(儉)을 유지하지 못하고, '도'의 중요한 구성 요소인 검소함(儉)을 유지할 수 없으니 '도'를 배워서 실천하는 즐거움도 느낄 수 없는 거죠. 반면에 진심으로 윗사람을 섬기는 어진 이들은 사심 없이 진심으로 행하는 것이기에 변치 않는 자세를 유지할 수 있죠.

솔선수범하여 백성들이 의로움(義)을 행하도록 권하고, 조상을 공경하되 그들의 초자연적인 힘에 의탁하지 않으면 지혜로운(知) 것이라고 했습니다. 그리고 이제 이런 지혜로움(知)이 어짊(仁)을 이롭게 한다고 했으므로, 지혜로움(知)은 사람을 어질게(仁) 하는 촉매제 같은 역할을 함을 알 수 있는 겁니다.

4-2

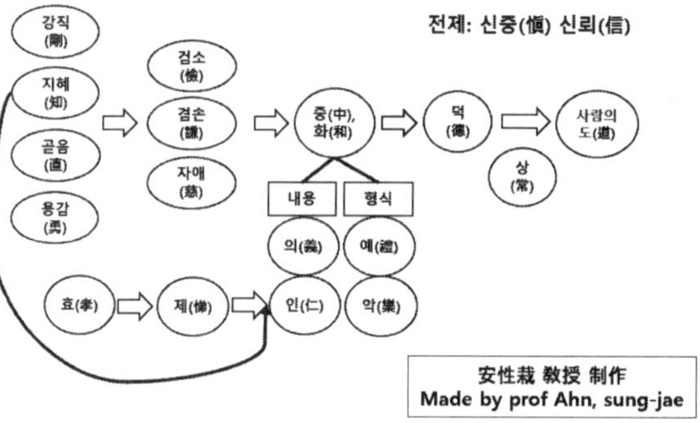

특히 어짊(仁)은 산처럼 정적이고 지혜로움(知)은 흐르는 물처럼 동적이라고 했으므로, 이 둘도 역시 어느 한쪽으로 치우치지 않는 조화로움(和)을 위해서 공존할 수밖에 없는 관계에 있는 거죠. 이처럼 지혜로움(知)은 사람으로 하여금 올바로 판단하도록 해서 어짊(仁)을 행하도록 독려하는 역할을 합니다.

제9장

도의 바탕: 신뢰(信)와 신중(愼)

제9장
도의 바탕: 신뢰(信)와 신중(愼)

비록 천성에 따라서 억지로 통제하지 않는 하늘의 도(天道)와 잘못을 바로잡기 위해 절제하고 통제하는 사람의 도(人道)는 그 성격이 다르지만, 분명한 건 둘 다 모두 세상을 잘 다스리기 위해서 지도자가 따른 길(道) 즉 리더십이란 점입니다. 더구나 사람의 도(人道)는 하늘의 도(天道)에서 파생하여 확대된 것이므로, 기본적으로는 그 뿌리가 같을 수밖에 없죠.

지금까지 하늘의 도(天道)와 사람의 도(人道)를 구성하는 요소들에 대해서 살펴봤습니다. 하지만 이는 어디까지나 '도'라는 건물을 올리기까지 일련의 과정일 뿐입니다. 건물을 쌓아 올리기 위해서는, 먼저 건물을 올릴 수 있는 땅 즉 바탕을 다져야 하죠. 따라서 이제 마지막으로 하늘의 도(天道)와 사람의 도(人道)의 뿌리 즉 공통된 바탕에 대해서 살펴보겠습니다.

1. 신중함(愼): 말과 행동을 함부로 하지 않는 자세

먼저 『도덕경』에서 신중함(愼)에 대해 언급한 부분부터 살펴보겠습니다.

15-3: 코끼리가 마치 겨울철 강을 건너는 듯하다.

豫焉若冬涉川.

덩치 큰 코끼리가 얼어붙은 강을 건너려고 합니다. 이 코끼리는 과연 성큼성큼 강을 건널까요, 아니면 한 걸음 한 걸음 조심스레 발걸음을 뗄까요? 이처럼 노자는 직유의 수사법을 활용하여 지도자의 신중함을 설명하고 있습니다.

15-4: 원숭이가 마치 사방을 두려워하는 듯하다.

猶兮若畏四鄰.

원숭이는 보통 나무 위에서 지냅니다. 하지만 여기선 땅바닥에 바나나가 떨어져 있고, 원숭이 한 마리가 그것을 발견했다고 가정해보죠. 그렇다면 이 원숭이는 태연자약하게 나무에서 내려와 아무 거리낌 없이 그 자리에서 바나나를 까먹을까요, 아니면 끊임없이 주변을 살피며 다가가 조심스레 바나나를 집고는 재빨리 다시 나무에 오를까요? 따라서 노자는 여기서도 직유의 수사법으로 지도자의 신중함을 다시 강조하고 있습니다.

물론 이 두 구절에 등장하는 코끼리와 원숭이는 모두 신중함의 메타포가 됩니다. 나아가 원문에 나와 있는 '원숭이 유(猶)'와 '코끼리 예(豫)'를 합치면 오늘날의 '유예' 즉 "신중하여 함부로 결정하지 못한다."라는 뜻이 되는데, 이를 통해서 법정의 '집행유예' 판결이 지니는 신중함의 취지를 다시금 이해할 수 있습니다.

원칙적으로 피의자가 법정에서 최종 유죄를 선고받으면, 모두 교도소에서 복역해야 합니다. 하지만 죄질이 비교적 가볍고 또 잘못을 진심으로 뉘우치고 있는 초범인 경우, 국가는 그들을 굳이 교도소로 보내 개과천선시킬 필요는 없다고 판단하죠. 따라서 정해진 기간에 재차 범행 여부를 지켜보면서 신중하게 실형 집행을 결정하겠다는 것이 집행유예의 취지입니다.

> 26-1: 진중함은 경솔함의 뿌리이고 고요함은 조급함의 군주라서, 이 때문에 성인은 온종일 길을 가지만 군수물자를 실은 무거운 수레를 떠나지 않는다.
>
> 重為輕根, 靜為躁君, 是以聖人終日行, 不離輜重.

노자는 말합니다. 진중함은 경솔함의 바탕이 되고 고요함 즉 조용하고 차분함은 조급함을 지배하므로, 참된 지도자들은 한평생 진중하고도 고요한 모습을 보였다고 말이죠. 따라서 이 구절에서도 도의 구성 요소 중 하나인 신중함(愼)을 강조되고 있는데요. 노자는 지도자의 그런 모습을 군수물자를 실은 무거운 수레에 빗대어서 수사학적으로 설명했는데, 어째서 무거운 수레가 지도자의 진중함과 고요함을 상징하는 메타포가 된 걸까요?

군대가 원정을 가면 짐을 실은 수레들도 함께 길에 오릅니다. 그렇다면 그중에서 어떤 짐을 실은 수레가 가장 무거울까요? 바로 식기와 병기를 실은 수레입니다. 식기와 병기를 실은 수레가 없으면 군대는 원정을 할 수 없습니다. 그리고 무거운 수레는 시끄럽지 않습니다. 오히려 빈 수레가 요란한 법이죠.

따라서 노자는 지도자의 진중함과 고요함을 군대의 무거운 수레에 빗대어서 설명하고 있습니다. 식기와 병기를 실은 무거운 수레가 없으면 군대가 전쟁에서 이길 수 없듯이, 진중하고 고요함이 없으면 지도자는 자리를 잃게 된다고 말입니다.

26-4: 경솔하면 근본을 잃고, 경박하면 군주의 지위를 잃는다.

輕則失本, 躁則失君.

그럼 지도자는 어떤 태도를 경계해야 할까요?

63-5: (지도자가) 무릇 쉬이 승낙하면 반드시 신용이 적어지고, 지나치게 쉬이 보면 반드시 재난이 많아진다.

夫輕諾必寡信, 多易必多難.

지도자가 쉬이 승낙하게 되면 나중에 백성들이 그를 믿지 못하게 되고, 일을 하찮게 여기면 나중에 더 큰 재난이 계속해서 발생하게 됩니다. 즉 신중함(愼)과 또 다른 바탕이 되는 신뢰(信)는 떼려야 뗄 수 없는 관계에 있는 거죠.

63-6: 이 때문에 성인은 오히려 그것을 어려워하니, 그러므로 시종 어려움이 없다.

是以聖人猶難之, 故終無難矣.

따라서 대동 사회를 이끈 지도자인 성인들은 결코 일이 작거나 쉽다고 해서 얕보지 않고 신중하게 처리했기 때문에, 항상 큰 어려움 없이 나라를 오랫동안 평온하게 할 수 있던 겁니다. 성인이라는 존재는 자기 자신이 늘 부족하다고 여겨서 신중하고도 끊임없이 노력해 만들어낸 결과이지, 어느 날 갑자기 하늘이 덜컥 만들어서 이 세상에 내려보낸 인물이 아닙니다. 결국에는 성인도 우리와 같은 사람입니다. 다만 그들은 이처럼 시종일관 신중한 자세를 지켰을 따름이죠.

56-1: 아는 이는 말하지 않고, 말하는 이는 알지 못한다.

知者不言, 言者不知.

대동의 통치 이념인 하늘의 도를 이해하는 지도자는 함부로 말하거나 명령하지 않고, 반대로 함부로 말하거나 명령하는 지도자는 하늘의 도를 이해하지 못하는 겁니다. 따라서 노자는 말과 명령을 함부로 하지 않는 신중함(愼)과 내뱉은 말은 반드시 지키는 신뢰(信) 그리고 정성을 다하는 지도자의 자세를 거듭 강조했습니다.

이어서 『논어』에서 공자가 신중함(愼)을 강조한 구절 역시 함께 살펴볼까요?

1-14: 공자가 말씀하셨다. "군자는 사치와 향락을 탐하지 않고, 일할 때는 태만하지 않고 몸을 부지런히 하면서도 말을 함부로 내뱉지 않는다."

子曰: "君子, 食無求飽, 居無求安, 敏於事而愼於言. 就有道而正焉, 可謂好學也已."

2-18: 자장이 벼슬을 하여 나라의 녹봉을 받는 법을 배우고자 했다. 공자가 말씀하셨다. "많이 들어서 의심을 없애고, 그 밖의 아직 듣지 못해서 잘 모르는 것은 신중하게 말하면 실수가 적어진다. 많이 보아서 의심을 없애고, 그 밖의 아직 보지 못해서 잘 모르는 것은 신중하게 행동하면 실수가 적어진다. 말에 실수가 적고 행동에 실수가 적으면, 자연스럽게 중용 받아 정치에 참여할 수 있을 것이다."

子張學干祿. 子曰: "多聞闕疑, 愼言其餘, 則寡尤. 多見闕殆, 愼行其餘, 則寡悔. 言寡尤, 行寡悔, 祿在其中矣."

10-15: 공자는 종묘에 들면, 매사에 대해 물으셨다.

入太廟, 每事問.

일반적으로 우리가 누구에게 묻는다는 건 그것에 대해 잘 모를 때와, 또 알아도 내가 아는 것이 맞는지 한 번 더 확인하는 경우인데요. 이처럼 공자는 누구보다 예(禮)에 밝았지만, 반드시 한 번 더 확인하는 신중함(愼)을 몸소 실천했습니다.

2. 신뢰(信): 사람이 말한 것은 지키는 도리

공자는 『논어』에서 다음과 같은 수사를 사용해서 신뢰(信)의 중요성을 강조한 바 있습니다.

2-22: 공자가 말씀하셨다. "사람에게 내뱉은 말을 지키는 신뢰가 없으면, 옳은 것을 알지 못한다. 큰 수레에 끌채 끝 쐐기가 없고, 작은 수레에 끌채 끝 쐐기가 없으면, 어떻게 수레가 앞으로 나갈 수 있겠는가? 신뢰는 수레의 끌채 끝 쐐기와 같고 사람은 수레와도 같으니, 수레에 끌채 끝 쐐기가 없으면 수레가 앞으로 갈 수 없듯이, 사람도 신뢰가 없으면 사회에 나아가 정치에 참여할 수 없다."

子曰: "人而無信, 不知其可也. 大車無輗, 小車無軏, 其何以行之哉?"

수레와 말을 연결하는 도구가 바로 끌채 끝 쐐기입니다. 다만 큰 수레의 끌채 끝 쐐기는 말 여러 마리를 연결하기 때문에 이처럼 큰 틀로 연결되어 있습니다. 즉 공자는 끌채 끝 쐐기 없이

수레가 앞으로 나아갈 수 없는 것처럼, 지도자가 신뢰 없이는 어떤 일도 해낼 수 없다고 빗대어 설명하고 있습니다.

제1장 수사(修辭)란 무엇인가?에서 '정성 성(誠)'은 '말씀 언(言)'과 '이룰 성(成)'이 합쳐진 문자로서 자기가 내뱉은 말(言)을 이룬다(成)는 뜻을 지닌다고 했습니다. 그리고 신뢰란 사람(人)이 내뱉은 말(言)은 반드시 지키는 것이므로, 결국 사람(人)이 말한 것(言)은 믿을 수 있다는 의미를 지닌 '믿을 신(信)'과 서로 통한다고도 했죠. 이제 이와 연결해서 다음 『논어』 구절을 살펴보겠습니다.

5-9: 공자가 말씀하셨다. "애초에 나는 어떤 사람이 말을 하면 그가 말한 대로 행동하리라 믿었다. 하지만 이제 나는 어떤 사람이 말을 하면, 그가 말한 대로 행동하는지 꼭 확인한다. 이 모든 게 재아 때문에 바뀐 것이다."

子曰: "始吾於人也, 聽其言而信其行. 今吾於人也, 聽其言而觀其行. 於予與改是."

이 중에서 특히 "어떤 사람이 말을 하면, 그가 말한 대로 행동하는지 꼭 확인한다."라는 발언을 통해서, 공자 역시 원래는 사람이 말을 하면 모두 말한 대로 하리라고 믿어왔음을 확인할 수 있습니다.

그런데 신중함(愼)과 또 다른 바탕이 되는 신뢰(信)는 불가분의 관계에 있다고 했습니다. 왜 그럴까요? 다음 기록을 보겠습니다.

2-13: 자공이 군자에 대해 물으셨다. 공자가 말씀하셨다. "먼저 말을 하고 그것을 실천하면 백성들이 그다지 그를 중시하지 않지만, 먼저 행동으로 보이고 그것을 말하면 백성들이 그를 믿고 따르며 나아가 진심으로 섬기게 된다."

子貢問君子. 子曰: "先行其言, 而後從之." -『논어』

이 같은 취지의 내용은 바로 아래의『예기』와『논어』에도 보입니다.

공자가 말씀하셨다. "먼저 말을 하고 나서 말한 것을 행하면, 말한 것은 아름답게 수식될 수 없다. 하지만 먼저 행하고 나서 행한 것을 말하면, 행한 것은 거짓으로 꾸며질 수 없다. 따라서 군자가 말을 적게 하고 몸소 실천함으로써 그 믿음을 이루면, 백성들은 부득이하게 그의 좋은 일을 중히 여기는 반면 그의 잘못은 가벼이 여겨서 넘어가게 된다."

子曰: "言從而行之, 則言不可飾也. 行從而言之, 則行不可飾也. 故君子寡言而行以成其信, 則民不得大其美而小其惡." -『예기』「치의(緇衣)」

지도자가 먼저 말을 앞세우고 나중에 그것을 행하면, 백성들은 기뻐하지 않습니다. 왜냐면 지도자가 말했을 때, 이미 기뻐했으니까요. 하지만 말한 바가 지켜지지 않으면 분노하죠. 반면 지도자가 먼저 행하고 나중에 그 행한 바를 말하면 백성들은 기뻐할 뿐만 아니라, 그를 신뢰하기에 훗날 지도자에게 잘못이 생겨도 크게 개의치 않는다는 겁니다. 그래서 공자는 다음처럼 행동이 말보다 앞서야 한다고 거듭 강조합니다.

4-22: 공자가 말씀하셨다. "태평성대를 이끌었던 옛 지도자들은 함부로 말을 내뱉지 않았는데, 그 이유는 몸이 말을 쫓아가지 못하는 걸 부끄러워했기 때문이다."

子曰: "古者, 言之不出, 恥躬之不逮也." -『논어』

이 점에 대해서 의심할 여지 없이, 노자 역시 대단히 중시했죠.

17-4: (지도자는) 애를 태워서, 말을 귀히 여긴다. (지도자는) 공을 세우고 일을 완성해도, 백성들은 모두 우리가 본래 이러한 것이라고 말한다.

悠兮, 其貴言. 功成事遂, 百姓皆謂我自然. -『도덕경』

참된 지도자는 말의 무서움을 잘 알았기 때문에 항상 삼가 애를 태우며 감히 함부로 말을 내뱉거나 명령하지 않았습니다. 이에 백성들은 지도자의 존재만 알고 있을 뿐 그의 뛰어난 지도력에 대해서는 절실하게 느끼지 못했던 것이니, 지도자가 삼가 노력하여 일을 완성하여도 백성들은 이를 당연하게 여겼던 거죠. 왜 그럴까요?

고공단보가 말했다. "백성이 임금을 세우는 것은, 장차 자신을 이롭게 하려는 것이다."

古公曰: "有民立君, 將以利之." -『사기』「주본기(周本紀)」

하지만 백성들이 언제까지 지도자의 노고를 몰라주는 건 아닙니다.

9-27: 공자가 말씀하셨다. "평상시에는 인지하지 못하다가 한겨울의 추위가 닥친 후에야, 소나무와 잣나무가 다른 나무들보다 더 오래 푸르름을 유지하다가 뒤늦게 시들게 됨을 비로소 깨닫게 된다."

子曰: "歲寒, 然後知松栢之後彫也." -『논어』

여기서 한겨울의 추위는 어려운 시절을 비유적으로 표현한 것이고, 소나무와 잣나무는 참된 지도자를 역시 비유적으로 표현한 겁니다. 즉 참된 지도자가 다스릴 때는 백성들이 잘 몰랐지만, 세월이 지난 후에 환경이 달라지면 그때가 얼마나 아름다운 시절이었는지 비로소 절실하게 깨닫게 된다는 뜻이죠. 그래서 요임금이 세상을 떠났을 때, 백성들은 이처럼 자기 부모님이 돌아가신 것처럼 슬퍼했던 겁니다.

요는 임금 자리에서 내려온 지 28년 만에 죽었다. 백성들이 모두 마치 부모를 잃은 듯 슬퍼했다. 그래서 3년 동안 곳곳에서 삼가 음악을 끊고 요임금을 그리워했다.

堯辟位凡二十八年而崩. 百姓悲哀, 如喪父母. 三年, 四方莫舉樂, 以思堯.

- 『사기』「오제본기(五帝本紀)」

백성들이 잠시나마 지도자의 노력을 인지하지 못할 수는 있습니다. 그러나 숨겨진 공로와 덕을 언제까지고 몰라주는 그런 우매한 존재는 아닙니다.

제10장
유기체로서의 도(道)

제10장
유기체로서의 도(道)

공자는 『논어』에서 다음처럼 설명합니다.

17-8: 공자가 말씀하셨다. "자로야, 너는 여섯 가지 말씀과 여섯 가지 결점에 대해서 들었느냐?" 자로가 대답하셨다. "아직 듣지 못했습니다." 공자가 말씀하셨다. "자리를 잡고 앉아라. 내가 너에게 말해주마. 임금을 진심으로 섬기고 따르려고(仁) 하지만 '도'의 형식인 예(禮)를 배워서 절제하지 못하면, 공정하게 판단하지 못해서 그저 맹목적으로 추종하게 된다. 지혜롭고자(知) 하지만 예(禮)를 배워서 절제하지 못하면, 제멋대로 해석하여 행동에 거리낌이 없게 된다. 입으로 내뱉은 말은 반드시 지키려고(信) 하지만 예(禮)를 배워서 절제하지 못하면, 그런 척만 하게 되는 것이다. 올곧고자(直) 하지만 예(禮)를 배워서 절제하지 못하면, 자신에게는 엄격하고 남에게는 관대해야 하는데 오히려 타인에게만 엄격하여 비방하게 된다. 용감해지고자(勇) 하지만 예(禮)를 배워서 절제하지 못하면, 무도해져서 포악해진다. 마음이 굳세어 사사로운 탐욕을 부리지 않으려고(剛) 하지만 예(禮)를 배워서 절제하지 못하면, 방자해진다."

子曰: "由也, 女聞六言六蔽矣乎?" 對曰: "未也." "居. 吾語女. 好仁, 不好學, 其蔽也, 愚. 好知, 不好學, 其蔽也, 蕩. 好信, 不好學, 其蔽也, 賊. 好直, 不好學, 其蔽也, 絞. 好勇, 不好學, 其蔽也, 亂. 好剛, 不好學, 其蔽也, 狂."

이 구절의 내용은 다음의 도표로 정리할 수 있습니다.

도(道)의 구성 요소	예(禮)를 함께 배운 결과	예(禮)를 함께 배우지 않은 결과
어짊(仁)	임금을 진심으로 섬기고 따름	공정하게 판단하지 못하고, 임금을 맹목적으로 추종함
지혜로움(知)	솔선수범하여 백성들이 의로움(義)을 행하도록 권하고, 조상을 공경하되 그들의 초자연적인 힘에 의탁하지 않는 객관적인 판단력	제멋대로 해석하여 행동에 거리낌이 없게 됨
신뢰(信)	말을 하면 지키는 성실함	그런 척만 함
올곧음(直)	사사로운 정에 얽매이지 않고 공정하게 판단함	자신에게는 엄격하고 남에게는 관대해야 하는데, 오히려 타인에게만 엄격하여 비방하게 됨
용감함(勇)	자기가 처한 서열에서 마땅히 지켜야 할 바를 목숨을 걸고 지키는 의로움(義)을 몸으로 실천하는 것	무도해져서 포악해짐
강직함(剛)	마음이 굳세어 사사로운 탐욕을 부리지 않음	방자해짐

'도'는 내용이 되는 어짊(仁)과 의로움(義) 그리고 형식이 되는 예(禮), 악(樂) 이외에도 지혜로움(知), 신뢰(信), 올곧음(直), 용감함(勇), 강직함(剛) 등 '도'의 또 다른 내용이 되는 다양한 구성 요소들로 이뤄진 추상적인 집합체입니다. 그런데 '도'의 형식인 예(禮)를 배우려고 하면서 내용이 되는 구성 요소들을 인지하여 실천하지 못하면, 형식만 남게 되므로 무의미한 거죠.

반면에 '도'의 내용이 되는 많은 구성 요소들은 형식인 예(禮)로 절제하고 통제해야, 비로소 온전한 모습의 긍정적 효과를 기대할 수 있다는 겁니다. 즉 내용과 형식이 균형을 이뤄야 한다는 거죠. 마치 낮과 밤, 더위와 추위, 남성과 여성이 공존해야 하는 음양의 원리처럼 말입니다.

특히나 '도'의 중요한 구성 요소 중 하나가 한쪽으로 치우치지 않는 객관성과 공정함의 중(中)과 어느 하나도 버리지 않고 모두 함께 하는 조화로움(和)입니다. 따라서 공자가 이 구절을 통해서 하고자 한 말은, '도'의 내용과 형식이 조화를 이뤄서 유기적으로 돌아가지 않으면, 한쪽으로 치우쳐지는 폐단을 낳는다는 뜻이 되죠. 그리고 이 내용과 상당히 비슷한 구절이 또 있습니다.

8-2: 공자가 말씀하셨다. "공손하지만 무례하면 고달프고, 신중하지만 무례하면 주눅이 들어 안절부절 못하며, 용감하지만 무례하면 포악해지고, 올곧지만 무례하면 타인을 헐뜯게 된다."

子曰: "恭而無禮, 則勞; 愼而無禮, 則葸; 勇而無禮, 則亂; 直而無禮, 則絞."

따라서 이 두 구절이 설명하고자 한 도리는 다름 아닌 '도'의 내용이 되는 구성 요소들은 '도'의 형식인 예(禮)와 합쳐져야 비로소 조화를 이룰 수 있다는 뜻이 됩니다. 다시 말해서 공자는 예(禮)가 비록 '도'의 형식이지만, 내용 못지않게 반드시 필요하다고 거듭 강조하고 있는 거죠.

이와 관련해서 몇몇 예를 들어 볼까요?

1. 어짊(仁)은 임금을 진심으로 섬기고 따르는 겁니다. 하지만 예(禮)로 지나치거나 모자라지 않도록 절제하지 않으면, 결국 아첨 아부하여 맹목적으로 따르게 되겠죠. 상관이 도리에 어긋나거나 심지어 불법적인 일을 하라고 명령하면, 부하는 이를 객관적으로 판단하여 그건 잘못된 것이라고 충언을 올려야 합니다. 하지만 예(禮)로 지나치거나 모자라지 않도록 절제하지 않으면 부하는 지나치게 공손함에 치우쳐서 굽신거리며 맹목적으로 상관의 명령을 따를 것이고, 그 결과 상관과 부하 모두 감옥에 가게 되는 등 인생을 고달프게 마감하게 될 겁니다.

2. 신중함(愼)은 말과 행동을 함부로 하지 않고, 어느 게 옳고 그른 건지 조심스레 판단하는 자세입니다. 하지만 예(禮)로 지나치거나 모자라지 않도록 절제하지 않으면, 어떻게 결정해야 할지 몰라서 주눅이 들어 안절부절못하게 되죠.

3. 올곧음(直)은 사사로운 정에 얽매이지 않고 공정하게 판단하는 자세입니다. 하지만 예(禮)로 지나치거나 모자라지 않도록 절제하지 않으면, 타인의 실수를 감싸주는 자애로움(慈)을 잃게 됩니다. 그 결과 자신에게는 엄격하고 남에게는 관대해야 하는데, 오히려 타인에게만 엄격하여 비방하게 되는 거죠.

4. 용감함(勇)은 자기가 처한 서열에서 마땅히 지켜야 할 바를 목숨을 걸고 지키는 의로움(義)을 몸으로 실천하는 것입니다. 하지만 예(禮)로 지나치거나 모자라지 않도록 절제하지 않으면, 어떤 게 옳고 그

름인지 판단하는 의로움(義)은 생각하지 않고 그저 용감함(勇)만 강조하게 됩니다. 그 결과 죽음을 두려워하지 않는 태도만 남게 되므로, 무도해져서 포악해지는 겁니다.

이처럼 도는 많은 구성 요소들로 이뤄져 있고, 각각의 구성 요소들은 유기적으로 연결되어서 상호 간에 영향을 미칩니다. 마치 생명체와 마찬가지로요.

생명체는 여러 부분으로 분화되어 있고, 각각의 부분과 전체는 긴밀하게 연결되어 있습니다. 그렇게 각각의 부분이 조화를 이룸으로써 하나의 통일체를 이루고 있죠. 예를 들어서 사람은 뇌 심장 등의 장기와 뼈 혈관 신경 및 혈액을 구성하는 요소 등 신체적인 부분과 그 사람의 정신 사상이 갖춰져야 비로소 온전한 사람이라고 할 수 있습니다. 그중 어느 하나라도 빠지면, 온전한 사람이라고 볼 수 없죠.

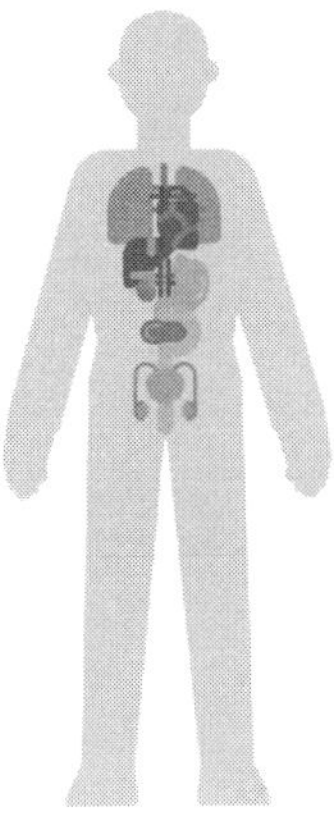

‘도’ 역시 마찬가지입니다. 도의 구성 요소들을 유기적으로 조화롭게 실천해야 비로소 성인과 군자가 될 수 있습니다. 만약 어느 구성 요소 하나라도 부족하면 그저 그릇(器) 즉 전문가 수준밖에는 오를 수가 없습니다.

나오며

지금까지 '도덕'과 '성인군자'에 대해서 살펴봤는데요. '도'와 '덕'은 같은 개념도 아니고 나아가 일반인들의 윤리가 아닌 정치적 지도자에 요구되는 리더십을 뜻합니다. '성인'과 '군자' 역시 같은 개념이 아니거니와, 각각 대동과 소강 사회를 이끈 지도자를 지칭한 거죠. 그런데 『상서』에는 다음과 같은 구절이 있습니다.

상나라 재상 부열이 고종에게 절하고 머리를 조아리며 말했다. "아는 것이 어려운 것이 아니라, 행하는 것이 어려운 것입니다. 하지만 임금께서 행하는 게 어렵지 않다고 믿어서 실제로 행하면 선왕을 따라서 덕을 이룰 수 있을 것이니, 저 부열이 이 말씀을 드리지 않는다면 그건 저에게 잘못이 있는 것입니다."

說拜稽首曰: 非知之艱, 行之惟艱, 王忱不艱, 允協于先王成德, 惟說不言有厥咎.

- 『상서』「열명(說命)」

배워서 몰랐던 걸 아는 건 물론 중요합니다. 하지만 배워서 이제 알았다면 행동으로 옮겨야 합니다. 아는 걸 실천하지 못한다면, 그건 모르는 것과 다를 게 없습니다. 이제 지금까지 살펴본 '도덕'과 '성인' '군자'의 내용을 바탕으로, 세상의 정치가 좀 더 나아지길 희망하면서 글 맺음을 하고자 합니다.

도덕, 성인, 군자

초판 1쇄 발행일 2023년 12월 20일
지은이 안성재
펴낸이 박영희
편　집 조은별
디자인 김수현
마케팅 김유미
인쇄·제본 제삼인쇄
펴낸곳 도서출판 어문학사
서울특별시 도봉구 해등로 357 나너울카운티 1층
대표전화: 02-998-0094 / 편집부1: 02-998-2267, 편집부2: 02-998-2269
홈페이지: www.amhbook.com
인스타그램: amhbook
페이스북: www.facebook.com/amhbook
블로그: 네이버 http://blog.naver.com/amhbook
e-mail: am@amhbook.com
등록: 2004년 7월 26일 제2009-2호

ISBN 979-11-6905-026-5(03140)
정가 20,000원